국민의 명령이다:

대한민국 특권폐지

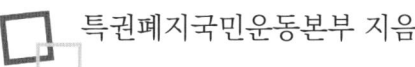
특권폐지국민운동본부 지음

글통

[서문]

'대한민국 특권폐지'를 출간하며

'고위공직자 특권폐지국민운동'을 시작한 지 6개월 가까이 됩니다. 특권폐지에 대한 국민적 열망이 너무나도 강렬한 데 비하면 많은 아쉬움이 있긴 하지만, '특권폐지'가 시대적 과제임을 확인한 데다 정치권도 일부나마 특권폐지에 동조하게 된 것은 상당한 성과라 하겠습니다. 이러한 성과가 있게 된 것은 전적으로 국민 여러분의 적극적인 참여와 성원 덕분이기에 그동안 물심양면으로 성원해주신 국민 여러분에게 깊이 감사드립니다.

그런데 저희가 '고위공직자 특권폐지 국민운동'에 나선 것은 정치와 행정 어느 한 곳도 부패하지 않은 곳이 없는 터에 국회의원을 포함한 고위공직자들이 과도한 특권을 누리고 있는 데 대한 국민의 실망과 분노가 너무나 크기 때문이기도 하지만, 이 운동에 앞장서서 참여하고 있는 분들의 특권폐지에 대한 신념과 열정이 너무나 큰 때문이기도 했습니다.

그래서 특권폐지 국민운동에 참여하고 있는 우리들의 신념과 열정을 한권의 책으로 엮는 것도 이 운동의 활성화를 위해 작은 보탬이라도 되겠다 싶어 '대한민국 특권폐지'라는 이름으로 책을 내게 되었습니다.

　부족하기 이를 데 없는 책이지만 특권폐지에 대한 우리들의 신념과 열정이 얼마나 큰가 하는 걸 가상히 여기셔서 일독해 주시기 바랍니다.

　고위공직자의 특권은 반드시 폐지되어야 합니다. 공직자가 특권을 누리는 것이 미워서가 아니라 공직자들이 특권을 누리고 있어서는 결코 국민을 위한 정치, 국민을 위한 행정이 이루어질 수 없기 때문입니다.

　그래서 공직자의 특권은 반드시 폐지되어야 하는데, 공직자들이 그렇게 할 것을 기대할 수는 없습니다. 결국 특권의 피해자인 국민이 나서야 하겠습니다.

　다들 하시는 일들이 많아 바쁘시기 이를 데 없겠지만 고위공직자의 특권이 폐지되지 않고서는 우리의 삶이 결코 나아질 수 없는 만큼 특권폐지 국민운동에 적극 참여해주시기 간절히 바랍니다. 아무쪼록 건강하신 가운데 하시는 일들이 잘 성취되기를 바랍니다.

　특권폐지국민운동본부
　상임대표　장기표　박인환　최성해

목 차

1부 특권폐지 운동의 당위성

특권폐지운동의 역사적 의의_ 장기표　8

헌법 그리고 특권폐지_ 곽순근　14

국회의원 특권 폐지의 당위성과 방향_ 문병호　23

사법신뢰 훼손하는 전관예우, 전관범죄의 척결_ 박인환　29

고위공직자의 전관예우 대처 방안_ 장영철　58

2부 특권폐지 운동의 실천

특권 폐지에 대한 복잡한 생각_ 민경우　82

고위공직자가 되기 전에 사람이 되어라_ 박명호　90

특권은 대한민국 교육에도 살아있다_ 박소영　103

특본 운동과 인간 평등_ 박 현　112

그런데도 국민 여러분!_ 박홍기(인터뷰)　121

국회의원특권 폐지와 총선_ 배경혁　127

특권폐지를 위한 몇 가지 제언_ 신동춘　135

"신한강의기적, 신한국의기적"을 위한 특권폐지_ 이희규　147

대한민국이 나아갈 토대로서의 특권폐지운동_ 우관영　152

노블레스 라블리주_ 우일식　157

국회의원 특권 폐지를 위한 헌법소원_ 이동호　161

특권 폐지를 위한 제언_ 정종암　*166*
국민의 명령이다. 특권을 폐지하라!_ 정창옥　*177*
뭉치면 이기고 흩어지면 망한다_ 제정호　*193*
헌신과 희생의 리더십 국회의원 특권폐지_ 최우성　*196*
특권폐지 전국노래자랑(시나리오)_ 김인호　*203*

3부 언론에 비친 특권폐지

[조선일보 사설] 의원 특권 내려놓겠다더니　*234*
[중앙일보 칼럼] 왜 국회의원 특권 폐지 운동인가　*236*
[MBN 김주하의 '그런데'] 노블레스 오블리주는커녕　*244*
[NGO신문 인터뷰] 특권 폐지는 우리 사회 살리는 운동　*246*
[조선일보] 장기표 "많은 특권 가지고 정치도 일도 안해…"　*253*
[조선일보] 국회 특권 이대로 안된다 上　*255*
[조선일보] 국회 특권 이대로 안된다 下　*260*

4부 특본의 걸어온 길

국회의원 특권폐지 국민운동 출범 선언문　*268*
국회의원 특권과 전관예우의 부당성과 폐지 방안　*271*
특권폐지 국민운동본부 활동 방안　*293*
특권폐지국민운동 6개월, 대 장정　*295*

1부
특권폐지 운동의 당위성

[특권폐지운동의 역사적 의의]

특권폐지운동은 국민정치혁명운동이다

장기표 (특본 상임대표)

특권권폐지운동을 시작하고서 5개월 정도 된다. 긴 기간이 아니지만 이룬 성과는 상당히 크다. 우선 국회의원을 포함한 고위공직자의 특권폐지에 국민적 관심이 집중하면서 시대적 과제가 되었으니, 이것은 엄청난 성과라 할 수 있다. 이런 가운데 특권폐지에 전혀 나설 것 같지 않았던 정치권에도 상당한 반향을 불러일으키고 있어, 이 또한 적지 않은 성과다.

비록 불발로 끝나긴 했지만 불체포특권을 결코 포기하지 않을 것 같았던 이재명 민주당 대표조차 불체포특권의 포기를 약속한 일이 있고, 국민의힘의 김기현 대표도 불체포특권 포기와 국회의원의 '무노동 무임금'을 국민의힘 당론으로 채택하겠다고 했다. 한때 불체포특권을 고수하겠다고 했던 민주당도 '정당한'이란 조건을 붙이긴 했지만 불체포특권의 포기를 당론으로 정한 일도 있으니 말이다.

앞으로 해야 할 일이 많지만 이 정도의 성과라도 거둔 것은 전적으로 국민의 열렬한 지지와 참여 덕분이다. 4월 16일의 출범식 때 몇 명이나 참여할지 무척 고심했는데도 천오백여명이 참여해서 특권폐지운동이 힘차게 출발할 수 있었고, 5월 31일의 국회포위 인간 띠 잇기 국민총궐기대회에 5천여명의 국민이 참여해서 국회의원들에게 엄중한 경종을 울렸으며, 폭염과 수해에도 불구하고 7월 17일에 있은 국회의장과 중요 정당 대표의 답변 요구 국민궐기대회에 2천여명의 국민이 참여해서 특권폐지운동에 박차를 가했는가 하면, 9월 1일에는 대법원 앞에서 있은 '전관범죄' 척결 국민궐기대회에서는 '전관범죄자 명단'을 공개하는 등 집회를 성황리에 개최했었다. 이처럼 국민의 적극적인 참여와 성원이 있은 덕분에 위와 같은 성과를 거둘 수 있었다.

그리고 지금까지 특권폐지에 서명을 하거나 회원으로 가입한 분이 2만여명에 이르고, 특히 '만원의 정치혁명'에 동참해서 회비를 내주신 분이 1만여명에 이르는데, 이것은 고위공직자의 특권이 폐지되기를 바라는 국민의 열망이 얼마나 큰가를 보여주는 것이었다. '만원의 정치혁명'에 동참해서 회비를 내주신 1만여명의 명단을 보노라면 특권폐지를 바라는 이분들의 열망을 꼭 이루어드려야겠다는 다짐을 간절한 마음으로 하게 된다.

만약 특권폐지를 위한 집회와 서명, 그리고 회비납부에 참여한 국민이 소수였다면 특권폐지에 대한 국민적 관심을 불러일으키지 못했을 것이고 정치권의 상당한 호응도 얻어내지 못했을 것이다. 이런 점에서 그동안 특권폐지운동에 참여해주신 국민 여러분께 깊이 감사드리며, 특권폐지를 관철시킬 수 있는 궁극적

힘은 국민에게 있음을 확인하게 된다.

그러면 어떻게 해서 특권폐지운동에 국민적 지지와 참여가 이렇게나 클까? 정치와 행정이 무능하고 부패하기 짝이 없는 데다 우리 사회 어느 한 곳도 부패하지 않은 곳이 없는 데 대한 국민의 실망과 분노가 너무나 크기 때문이다. 그리고 국회의원을 포함한 고위공직자들이 무능하고 부패하기 짝이 없으면서도 특권은 과도하게 누리고 있으니, 이에 대한 국민의 분노가 폭발한 것이다. 이런 점에서 특권폐지 국민운동은 아주 시의적절 한 운동으로 국민적 요구이자 시대적 과제이다.

지금 대한민국은 불법과 부패가 도처에 만연해 있어 법치국가라고 말하기조차 어려울 정도다. 법치주의가 이렇게나 붕괴된 때가 있었나 싶다. 군사독재정권 때도 이렇지는 않았으니 말이다. '전관예우'라는 이름의 '전관범죄'가 우리 사회의 전 부문에 널려 있는데도, 이것이 없어지기는커녕 더 확산되고 있다. 얼마 전 LH의 '순살아파트'가 사회문제가 된 일이 있는데, 이 또한 '전관예우' 때문이었다. 국가기관, 사회단체 등의 퇴직자들이 '동우회', '동지회' 등의 단체를 만들어 자신들이 근무했던 국가기관이나 사회단체의 사업권을 따내거나 로비스트 역할을 하는 것이 일반화되어 있는데, 이것은 이 나라가 '부패공화국'이 되어 있음을 말한다.

국민의 공복 곧 국민의 머슴을 자처한 국회의원들이 국민 위에 군림하면서 특권을 엄청나게 많이 누리고 있는 데다, 가장 엄정해야 할 사법기관이 '전관예우'라는 이름의 불법적인 특권을 누리는 것이 관행화되어 있으니 더 말해서 무엇 하겠는가? '전관예우'란 현직 관리가 업무를 공정하게 처리하지 않은 결과라는 점에서, '전관예우'는 '전관범죄'이자 '현관범죄'이고, '전관예우'로 얻은 수익은 '범죄수익'이다.

이런 터에 고위공직자들이 '특권카르텔'을 형성해서 서로 보호해주고 있으니 부정부패가 없어질 수가 없다. 여당과 야당, 보수와 진보, 전 정권과 현 정권이 사생결단의 투쟁을 벌이는 것 같지만 사실은 '적대적 공생관계'를 이루어 공생하고 있을 뿐이다. 일반 국민만 갈취당하면서 속고 있을 뿐이다.

군사독재정권 때도 이렇지는 않았다. 제1야당의 대표가 몇 년째 온갖 범죄혐의로 수사와 재판을 받고 있는 것도 정상이 아니거니와 '범죄백화점'이라고 할 만큼 온갖 범죄혐의가 있는 데다 그 하나하나가 중범죄인데도 구속영장이 기각되는 나라이니 '이게 나라인가' 싶은 생각마저 든다. 온갖 범죄혐의로 수사와 재판을 받고 있는 제1야당의 대표도 문제지만, 몇년째 수사를 한답시고 시간을 끌어온 검찰도 문제다. 검찰이 무능한 때문인지, 아니면 정권이 이재명 대표를 사법처리 할 의지가 없는 때문인지 알기 어려우니, 국민의 불신만 가중될 뿐이다.

검찰총장과 대법관 등 사법기관의 최고위직을 지낸 사람들이

'대장동 게이트' 관련 50억 원씩을 받았다는 이른바 '50억 클럽'이 폭로된 지 2년이 넘었는데도 곽상도 전 의원과 박영수 전 특검이 재판을 받고 있을 뿐 다른 사람들에 대해서는 수사도 하지 않고 있다. 그나마 50억 원을 받은 것이 확인된 곽상도 전 의원은 1심에서 무죄를 선고받았는데, 그 이유가 아버지와 아들이 경제공동체가 아니라는 거였다. 이 나라에 법이 있다고 말할 수 있겠는가? 군사독재정권 때 이런 일이 있었다면 중형에 처했을 것이다. 더욱이 정권이 교체된 지 1년 반이 넘었으니, 이제 전 정권 탓할 일도 아니다. 결국 특권카르텔을 혁파하지 않는 한 이런 일은 계속해서 일어날 것이다.

이러니 어찌 국민이 들고일어나지 않을 수 있겠는가? 저 무능하고 부패한 정치를 더이상 두고 볼 수 없게 된 국민이 저항권을 발동해서 떨쳐나선 것이다. 그래서 특권폐지운동은 한국 정치를 혁명적으로 바꿈으로써 대한민국을 새로운 나라로 만들자는 정치혁명운동이다. 이 정치혁명운동이 다수 국민에 의해 이루어지고 있다는 점에서 국민정치혁명운동이다. 굳이 역사적 용어를 차용하면 '국민반정'이다. 나라의 주인인 국민이 나서서 특권부패세력의 '특권카르텔'을 혁파해서 정의로운 나라를 건설하자는 것이니 말이다. 그렇게 해서 국민이 실질적으로 주인인 나라, 모든 국민이 행복한 나라를 만들자는 것이다.
　특권폐지 국민운동이야말로 대한민국의 주권은 국민에게 있고, 모든 권력은 국민으로부터 나온다는 헌법 제1조를 실천하는 운동이자 이를 실현하는 운동이다. 국민이 나서야 하고, 국민이 나서면 못 이룰 일이 없다.

아무쪼록 특권폐지운동에 참여하고 있는 우리 국민 모두가 나라의 주인으로서 특권부패세력의 특권카르텔을 혁파해서 국민이 행복한 나라를 만드는 국민정치혁명의 주체이자 새로운 대한민국 건설의 주역으로서의 자긍심과 기쁨을 누리기 바란다.

[글쓴이] 장기표

신문명정책연구원 이사장. 국민의소리 공동대표. 대장동게이트 진상규명범시민연대 상임대표.

헌법 그리고 특권폐지

곽순근[1](특본 운영위원)

87체제와 그 모순

1948년 헌법이 제정된 이후 1987년 헌정사상 아홉 번째로 개정된 현행헌법이 갖는 그 이후의 한국사회의 정치변동과 특질을 통상 '87년 체제(이하 '87체제')'라고 부른다. 그러한 87체제는 그 이전의 산업화에 이은 민주화의 업적을 이루었다는 긍정적 평가에도 불구하고, 다른 한편 더 이상 사회의 발전을 가로막는 많은 모순을 낳기도 하였는데, 그중 하나가 바로 대표적으로 국가사회의 특권의 구조화와 그에 따른 부정부패의 만연이다. 그러한 특권을 어떻게 접근하며 그 모순을 어떻게 불식시킬 것인가가 오늘날 우리의 시급한 과제이다.

---

[1] 곽순근은 연세대학교에서 헌법학을 공부하였으며(법학박사), 현재는 헌법철학으로서 증산 강일순(1871~1909년) 선생의 후천개벽사상을 연구하고 있다. 일제 강점기 특히 동학농민운동 때 활동하였던 증산은 당시 일제의 침략을 조선이 구제도의 모순을 일소하고 문명개화로 갈 수 있는 절호의 기회로 보았으며, 후천의 선택받은 민족인 조선은 이를 통하여 이 땅에 지상천국의 '신문명'을 이루게 될 것임을 천명하였다.

헌법과 특권

87체제가 갖는 특권은 크게 헌법상 특권과 기타 정책상 특권인 법률상 특권으로 나누어 고찰할 수 있는데, 그중 헌법상 특권을 개괄하면 다음과 같다.

(1) 국회의원의 불체포특권과 면책특권

헌법상 국회의원은 현행범인인 경우를 제외하고는 회기중 국회의 동의없이 체포 또는 구금되지 아니하며, 국회의원이 회기 전에 체포 또는 구금된 때에는 현행범인이 아닌 한 국회의 요구가 있으면 회기중 석방되는데, 이를 불체포특권이라 한다 (제44조). 한편, 국회의원은 국회에서 직무상 행한 발언과 표결에 관하여 국회 외에서 책임을 지지 않는데, 이를 면책특권이라 한다 (제45조). 헌법상 국회의원이 갖는 이런 특권은 국민의 대표기관인 국회의원들이 그 직무를 수행함에 있어서 내외적 장애를 갖지 않게 하는데 그 취지가 있다.

(2) 대통령의 형사특권

헌법상 대통령은 내란 또는 외환의 죄를 범한 경우를 제외하고는 재직중 형사상의 소추를 받지 아니하는데, 이를 대통령의 형사특권이라 한다 (제84조). 이 또한 대통령제 정부형태 하에서 국민의 대표기관인 대통령이 그 임기 중 원활히 직무를 수행할 수 있도록 하게 하자는데 그 취지가 있다.

(3) 법관의 신분보장

헌법상 법관과 헌법재판관은 탄핵 또는 금고 이상의 형의 선고에 의하지 아니하고는 파면되지 아니하는데, 이를 법관의 헌법상 신분보장이라 한다 (제106조 1항 및 제112조 3항). 법관의 헌법상 신분보장은 정치권력에 대하여 상대적으로 힘이 약할 수밖에 없는 사법권이 내외적으로 영향을 받는 것을 방지하여 입법권·행정권·사법권이 '견제와 균형'을 이루게 하기 위한 것으로, 고전적 삼권분립원리의 한 내용이다.[2]

(4) 기타 정책적 특권과 전관대우

헌법은 이상의 특권에 대해서는 직접 보장을 하는 외 나머지는 법률에 위임하여 정책적으로 접근하도록 하고 있는데, 현재 그 정책적 특권으로 대표적인 것으로는 국회의원에게 주어지는 각종 국비지원이나 특혜들이 있다. 한편, 우리 사회 폐지되어야 할 가장 대표적인 것으로 인구에 회자되는 전관대우 특히 전관들이

---

2 헌법 제65조는 대통령과 국무총리 및 국무위원 등에 대한 탄핵제도를 규정하고 있는데, 이는 본질상 징계하기가 어려운 최고 징계권자들에 대한 '징계'절차를 규정한 것으로, 오히려 사실상 실무적으로는 불가능한 징계를 '가능'하게 하도록 한 제도이기 때문에 헌법상 '특권'의 보장과는 거리가 멀다. 한편, 헌법상 탄핵을 논함에 있어서는 탄핵제도는 직무상 위법행위에 대한 '징계'절차로서 어디까지나 '행정'상 직무책임을 묻는 제도이기 때문에, 범죄에 대한 형사책임과 그 본질을 달리한다. 즉, 예를 들어 대통령의 형사상 범죄행위는 그 자체로는 탄핵의 사유가 되지 않는다.

짬짬이로 뒷거래를 통하여 현직 관료들과 예를 들어 돈을 주고 받는 등은 그 자체 범죄이기 때문에 합법적으로 진행되는 제도적 특혜와는 구별되어야 한다.[3]

망국적 특권과 특혜의식의 뿌리

우리 사회에서 작금에 가장 크게 인구에 회자되는 거대 담론으로서의 망국적 특혜와 그에 따른 부정부패는 그 근원으로 들어가 원인을 찾아보면 과연 그 뿌리는 어디에 있는 것일까?

(1) The Crown can do no wrong!

한국인의 의식 속에 뿌리 깊게 박혀있는 특혜의식의 근원으로는 가장 먼저 전근대적 신분사회에서 자리잡았던 '국왕무류사상'을 들 수 있다. 전근대적 군주주권에 근거한 신분사회는 국왕은 하늘의 자손으로 스스로 주권자이며 통치자이기 때문에 어떠한 경우에도 법적 책임을 지지 않는다는 국왕무류사상에 기반하고 있는데, 특히 피걸름의 시민혁명의 역사를 가져본 적이 없는 우리 사회는 그러한 국가무류사상으로부터 매우 자유롭지 못하다. 그러한 국왕 또는 국가무류사상은 특히 한국식 유교의 군사

---

[3] 이런 유형의 전관대우 범죄에 대해서는 형사정책적으로 어떻게 접근할 것이 요구되는지와 관련하여, 이들은 이른바 '엘리트범죄'로서 전통적인 '응보형주의'에 입각하여 상대적으로 가혹한 형벌을 가하여야 한다는 등과 이 경우 연루된 현직 관료들에 대해서는 전두환시대의 '삼청교육대'를 도입할 필요성이 있느냐 등에 대한 논의는 다른 지면을 통한 숙제로 남기기로 한다.

부일체사상과 결부되면 각 사회구성체에서 그 구성원이 갖는 사회적 책임은 그 사회적 지위에 반비례한다는 매우 미개한 문화를 낳게 된다.

(2) 조선의 양반문화와 거짓말 하는 사회

성리학적 유교관에 기초한 조선사회는 위로는 양반에게 사회적 실증과는 거리가 먼 정신적 유희를 즐기게 하였으며, 아래로는 상민들에게 그에 상응하는 거짓말 하는 문화를 낳게 하였으니, 그 대표적인 것이 바로 탈춤문화이다. 조선시대의 그러한 거짓말하는 문화는 조선 말기 이후 현대에 이르기까지 한국인이 겪었던 수많은 전쟁에서 살아남기 의식과 결합하여 작금의 거짓말하는 한국사회를 낳기에 이르렀다. "강한 자가 살아남는 것이 아니라, 살아남는 자가 강하다"는 의식이 뿌리깊게 자리잡고 있는 것이다. 이는 곧 짬짬이와 이권카르텔로 나타나며, 곧 부조리한 특혜와 그에 따른 부정부패를 낳는 원동력이다.

(3) 공생적 양당제

작금에 이르러 한국 사회에서 법률과 정책에 의한 국회의원 등의 부조리한 특혜가 지양되기보다는 오히려 양산되고 있는 것은 우리 사회의 의회정치가 공생적 양대정당에 의하여 지배되고 있다는데 가장 큰 원인을 둔다. 공생적 거대 양당은 자기 이익을 위해서 상호수평적으로는 적대적이기는 하지만, 대국민적 수직

관계에서는 공생적 특권을 유지 및 재생산한다는데 이해관계를 같이 한다. 따라서 공생적 양당제가 자리잡힌 한국사회의 정치지형에서는 국회가 스스로 법률에 의한 정책의 변화를 통한 부조리한 특권이나 특혜의 개혁과 혁신을 할 것을 기대하는 것은 사실상 불가능하다. "마치 고양이에게 생선가게를 맡긴 격"이다.

한국사회, 특권과 특혜의식을 어떻게 불식할 것인가?

한국 사회에서 작금의 특권과 특혜의식 그리고 그에 근거한 부정부패를 불식하는 것은 결국 그 근저에 자리잡은 뿌리를 제거하는 작업으로부터 시작되어야 함은 물론이다.

(1) 헌법상 특권의 유지·보존

헌법에서 국민의 대표기관인 국회의원이나 대통령 그리고 법관에게 주는 특권은 그 헌법상의 주어진 직무를 제대로 수행할 수 있도록 주권자에 의하여 주어진 것이기 때문에 이를 폐지하거나 바꾸기보다는 현재의 상태를 유지하되, 다만 그 역기능적 측면에 대해서는 개별적으로 접근하여 그 제도적 모순을 지양하는 방식으로 접근하는 것이 타당하다. 예를 들어 최근 정치권에서 특히 논란이 많은 국회의원의 불체포특권의 경우 제도 자체는 별다른 모순이 없는 것이므로 그대로 두되, 그로부터 나타나는 개별적 모순이 있다면 예컨대 국회의원에 대한 정치적 통제 등으로 그 모순을 극복해 나가는 것이 바람직하다.

(2) 의식의 개혁

　망국적 특권과 특혜가 자리잡게 된 데에는 그 근저에 전근대적 왕조시대의 거짓말하는 의식이 자리잡고 있다는 부분에 대해서는 결국 국민에 대한 계몽과 교육을 통하여 그 의식을 개혁하는 것만이 궁극적 처방이랄 수 있다. 이때 그 의식개혁의 방향은 하향평준화가 아닌 후천개벽 시대에 알맞은 '신문명의 개화'이어야 함은 물론이다.

(3) 다당제의 확립

　국회에 의한 특권과 특혜의 확대재생산을 방지하고 건설적인 정책이 생산되도록 하기 위해서는 한국정치에서 공생적 양당제를 극복하기 위한 다당제의 확립이 시급하다. 그 첫걸음에 공생적 양당과 경쟁할 수 있는 제3당이나 제3지대당이 출현해 줄 것이 필수적으로 요구된다.

(4) 대통령결선투표제 원-포인트 헌법개정

　문제는 공생적 양당제가 자리잡고 있는 현 한국 정치지형 하에서 거대 양당과 어깨를 겨룰 수 있는 제3당 또는 제3지대당을 출현시킨다는 것은 사실상 불가능하다는데 있다. 그렇다면 그 문제는 또 어떻게 풀어야 하는가? 그 답은 결국 주권자인 국민이 직접 나서서 헌법상 선거제도를 개정하여 제3당이 출현할 수 있도록 하는 구조를 만들어 내는 것인데, 그 답은 바로 대통령선거에 있어서 결선투표제를 도입하는 것이다. 대통령 결선투표제는 대통령선거에 있어서 최고득표자가 유효득표의 과반수를 얻지 못한 경우, 그 최고득표자 2인이 다시 결선투표를 하게 하는 제도를 말하는데, 이 경우 최종 당선자는 언제나 제3지대 정당의 협력과 지지를 얻어야만 하는 것이기 때문에 자연적으로 제3지대의 정당이 존립하도록 강제하는 기능을 갖게 되는 것이다.[4]

4 건설적 대통령제 (책임총리제)

(1) 의 의

일반적으로 삼권분리원리의 구체적 실현형태인 정부형태에는 의원내각제와 대통령제가 있으며, 의원내각제는 통상 내각불신임과 의회해산권의 충돌로 상호 파괴적(destructive)이란 것이 문제된다. 이를 극복하기 위하여 1949년 독일 기본법(현행 독일헌법)은 내각불신임 사유와 의회해산 사유를 제한하여 그 파괴성을 줄이려 하였는바, K. Loewenstein은 이를 가리켜 '건설적 의원내각제(constructive parliamentarism)'라고 불렀다. 그렇다면 대통령제를 유지하면서 국무총리의 지위를 높여 대통령을 통제하게 하는 책임총리제 개헌안은 '건설적 대통령제(constructive presidentialism)'라고 부르는 것이 좋겠다. (제안자 의견)

(2) 내 용

현재의 대통령제 정부형태를 유지함을 전제로, 그 권력통제의 가능성을 높이되, 그 정도가 선을 넘어 의원내각제로 가게 하지는 않는 방향을 추구한다. 참고로 이원정부제는 의원내각제의 변형이므로, 대통령제를 원칙으로 한다면서 이원정부제를 채택하는 것은 모순이다. 헌법상 위 취지를 가능하게 하는 유일한 방법은 현재의 대통령제를 그대로 유지하면서 대통령을 통제할 수 있는 국무총리의 지위를 높이는 방법이다. 그 통제수단은 이미 현행 헌법에 완비되

결 론

지금 논의되고 있는 우리 사회의 특권과 특혜 시시비비는 모두 87체제가 갖는 구조적 모순에서 비롯된 것일 수밖에 없는바, 따라서 그 궁극의 해결방법 역시 87체제에서 찾아야 함이 물론이라면, 그 개헌의 원-포인트는 바로 대통령결선제를 도입할 것인가의 여부에 달려있다. 체제를 만든 것도 체제를 개혁할 수 있는 것도 결국 주권자인 국민이 가지는 헌법에의 의지에 달려있다. 국민주권이므로 !!

[글쓴이] 곽순근

헌법연구소 소장. 법학박사

어 있으므로 달리 추가할 필요는 없다. 다만, 헌법상 국무총리의 지위를 지금보다 더 높이는 방법은 헌법 제86조를 개헌하여 "국무총리의 임기는 2년이다"는 문구를 집어넣어 국무총리임기제로 개헌하는 것이다. 물론, 국무총리임기제를 두었다고 하여 임기 보장 외에 대통령에 대한 현행헌법상 국무총리의 지위가 달라지는 것은 아니다. 다만, 신분의 안정으로 인하여 대통령에 대한 통제권과 국정에 대한 책임이 강화될 뿐이다. 그것을 우리는 책임총리제라고 부른다.

국회의원 특권 폐지의 당위성과 방향

문병호 (특본 공동대표)

여는 말

87년 민주화 이후 30년이 넘어가는 현재 국회의원 특권 내려놓기가 국회 개혁의 과제로 다시 떠오르고 있는 바, 이는 한국 대의민주주의가 위기에 처했음을 나타낸다.

국민들은 국회의원을 싸움이나 하고 할 일은 안하는 집단, 비리가 만연되어 있는 집단, 막말로 날새는 집단으로 생각하고 있다. 나아가서 국회의원은 자신의 이익을 위하여 특권이나 누리는 특권집단으로 생각하고 있다.

이런 상황에서 국회에 대한 국민신뢰를 회복하기 위한 '특권내려놓기 작업'은 국회에 대한 불신과 비판을 막고 대의민주주의의 위기를 해소시키는 중요한 화두가 될 것이다.

최근 특권폐지국민운동본부의 출범과 활동은 매우 시의적절하다고 할 것이다. 국회의원의 특권을 나열하자면 한도 끝도 없다. 그 중 주요한 것들을 보면, 불체포특권, 면책특권, 과도한 급여와 수당 등, 내 멋대로식의 정치후원금 제도, 예산 낭비성 해외시찰, 있으나마나한 셀프 윤리위 등이 있다

불체포특권과 면책특권

헌법에 보장된 국회의원의 대표적인 특권이다. 한국은 1948년 제헌헌법부터 국회의원의 불체포특권과 면책특권을 보장해왔다. 국회의원의 불체포특권은 시대착오적인 것으로서 폐지되는 것이 마땅하다. 국민 여론이 불체포특권 폐지를 월등하게 지지하고 있고, 제식구 감싸기라는 따가운 여론을 의식해 그동안 거대 양당은 틈만 나면 불체포특권의 폐지를 주장해왔다. 그러나 시간이 지나면 헌법 개정이 필요하다느니 하면서 시간 끌기에만 주력해왔고 불체포특권 폐지는 커녕 제도 개선에 있어서도 한 발짝도 나아가지 못하고 있다.

현행 면책특권도 폐지되거나 최소화되어야 한다. 김의겸 의원이 허위 사실인 청담동 술자리 의혹을 제기했어도 아무런 책임을 지지 않은 것 역시 면책특권이라는 절대 방패 덕이었다.

나쁜 제도가 잘못한 의원을 보호하는 후진 정치의 극단적 단면일 뿐이다. 입법부의 이런 퇴행을 내버려둬선 안 된다. 그러자면 법을 확 바꿔 면책특권도 폐지하거나 최소한으로만 남겨야 한다. 그래야 국회의원이 국회 내 발언에 대해 스스로 책임진다.

타인의 명예를 훼손하는 발언을 한 국회의원에 대해서는 법률적 책임을 물어야 하고 이를 위해 면책특권 제한에 관한 법률이 제정되어야 한다.

국회의원 급여, 수당

'특권폐지국민운동본부'가 분석한 자료에 따르면 국회의원은 연 1억5500만원의 세비와 5000만원의 입법·특별 활동비 외에 정책 개발비와 자료 발간·홍보·출장비 등을 받는다.

유류비(월 110만원)와 차량유지비(35만원), 명절휴가비(연 820만원), 야근식대(770만원), 업무용 택시비(100만원)도 나온다. 일하지 않아도, 구속되어도 세비를 받는다.

후원금은 연 1억5000만원(선거 때는 3억원)을 거둬 쓸 수 있다. 세금으로 월급 주는 보좌진은 9명이나 채용할 수 있다. 항공기 비즈니스석과 공항 귀빈실을 쓰고 KTX는 무료다. 출입국 절차 특혜를 받고 해외에선 공관장 영접과 식사 대접을 받는다.

국회의원 급여, 수당 등의 액수는 세계 최고 수준이다. 절대적인 액수에서 1등은 아니지만 국민소득 등을 감안한다면 거의 세계 1등 수준이다. 이를 대폭 낮추어야 한다. 국회의원 급여를 국회가 정하게 해서는 안 된다. (셀프 입법 금지)

해외시찰 사전 사후 심사제

국회의원의 예우와 관련된 특권 중 중요한 것이 해외 시찰이다. 사실 말이 해외시찰이지 해외여행이라고 하는 것이 더 정확한 표현인지 모르겠다. 공무를 빙자한 예산 낭비성 해외 시찰이 많은데 이는 금지되어야 한다.

정치후원금 제도

국회의원은 1년에 1억5천만원의 후원금을 받을 수 있고 선거가 있는 해(국회의원 선거, 대통령 선거, 전국 지방 선거 등)에는 2배인 3억원까지 받을 수 있다.

선거가 있는 해에는 왜 2배의 후원금을 받을 수 있는지 그 이유가 궁금하다. 특히 대통령 선거와 전국 지방 선거가 있는 해에 국회의원이 왜 2배의 후원금을 받을 수 있는지 그 이유가 궁금하다.

나아가서 정치후원금의 사용처에 대하여 아무런 제한이 없다. 국회의원의 정치 활동에 필요한 곳(예를 들면 정책 개발비, 여론조사비 등)에 사용하는 것은 좋으나 고급차를 구매 또는 리스하는데 사용하거나 국회의원 재판의 변호사 비용 등으로 사용하는 것은 매우 잘못된 것이다.

경조사 때 축조의금 못 받게 법을 만들 필요도 있다. 내는 것은 불법이고 받는 것은 합법인 현 제도는 형평에 맞지 않는다.

국민 소환제 (국민 파면제) 도입

현재 지방자치단체장, 지방의원, 교육감에 대하여 국민소환제(주민소환제)가 도입되어 있다. 그러나 국회의원에 대해서는 국민소환제를 도입하지 않고 있다. 비리 국회의원이나 거짓말을 일삼는 국회의원에 대하여 국민소환제의 도입이 필요하다.

윤리특별위 개혁

현재 국회의원에 대한 윤리, 징계 심사는 윤리특별위에서 하는데 윤리특별위의 구성원이 전부 국회의원이다. 그래서 제식구 감싸기 얘기가 늘 나온다. 셀프 징계가 얼마나 가능할까.

최근 국회 윤리특위 징계의결 건수가 "18대, 19대 국회 '0건', 20대 국회 '1건', 21대 국회 현재까지 '0건'"이라고 하는데 이를 보면 윤리특별위가 얼마나 끼리끼리 봐주기를 했는지 금방 알 수 있다.

국회 윤리특별위의 구성은 다수가 국회의원이 아닌 외부 인사로 되어야 하고 그 독립성이 강하게 보장되어야 한다.

결론

작금의 정치 현실을 보면 국회의 권한과 위상은 높아진 반면 국회의 역할은 국민적인 기대 수준에 한참 미달하고 있다. 국회는 '국민의 대리인'이라는 본질적 위상을 망각하고 '정치엘리트'라는 특권의식에 사로잡혀 일방적으로 권한을 확대시켜왔고 국민들이 지탄하는 특권 폐지와 개선에는 매우 소극적인 자세를 취해왔다.

이제 국회의원의 특권 폐지를 통해 국회가 국민의 신뢰를 회복할 수 있는 밑거름을 만들어야 한다.

국회의원 특권 폐지는 국회 내에서만 머물게 할 것이 아니라 외부로 확산시켜 '특권없는 정의로운 대한민국'을 구현하는 마중물이 되어야 한다.

　특권 문제는 비단 국회에서 뿐만 아니라 행정부, 사법부, 학계 등 우리 사회 전반에 걸쳐 나타나고 있는 것으로 국민에게 위화감을 조성하여 국민통합을 저해할 뿐 아니라 대한민국이 일류국가로 도약하는데 커다란 걸림돌로 작용하고 있다.

　따라서 국회가 먼저 불필요한 특권을 폐지함으로써 '특권없는 사회' '정의로운 대한민국' 을 여는 개혁의 시발점으로서 선도적인 역할을 하여야 할 것이다.

[글쓴이] 문병호

법무법인 위민 대표변호사. 18대 19대 국회의원.

사법신뢰 훼손하는 전관예우, 전관범죄의 척결

박인환(특본 상임대표)

"사람(재판관)이 천권(天權)을 대신하면서 두려워할 줄 모르고 자세히 헤아리지 아니한 채 살려야 할 사람은 죽이고, 죽여야 할 사람은 살리고서도 태연하고 편안할 뿐 아니라, 돈에 흐려지고 여자에 미혹되어 비참한 백성이 고통으로 울부짖어도 구제할 줄 모르니 갈수록 화근이 깊어진다."
- 다산 정약용의 흠흠신서(欽欽新書) 서문 중에서-

1. 전관예우와 대장동 '50억 클럽'

(1) 법조계의 고질병, 전관예우

전직 관리에 대한 예우를 뜻하는 '전관예우(前官禮遇)'는 학술적인 전문 용어가 아니고 법률적인 공식 용어도 아니지만 특이하게 우리 사회에서 관행적으로 널리 사용되고 있다. 여기서 말하는 전관예우란 사법부나 행정부 소속 공공기관이 그 기관에서 근무하다가 퇴직한 공직자, 특히 고위직을 지낸 전직 공직자를 전 동료이자 선배로서 특별히 예우하고, 전직 공직자는 퇴직한 이후에도 공공기관의 업무에 계속해서 부당한 영향력을 미치게 되는 현상을 의미한다.

이에 따라 민간에서는 퇴직한 공직자들의 영향력을 기대하여 그들에게 높은 급여(대가)를 주면서 직접 고용하기도 하고, 전직 공직자들에게 많은 수임료를 주고 해당 공직자가 근무했던 공공기관과 관계된 사건의 해결을 의뢰하기도 한다. 이러한 전관예우의 관행은 공직에 대한 국민적 신뢰를 하락시키는 중요한 원인으로 지목되고 뿌리 깊은 공직사회 부패의 연결고리로 인식되고 있다.

그런데 원래 전관예우라는 용어는 퇴직한 판사와 검사 등 사법부 법조인(특히 고위직 출신 법조인)이 변호사로 개업했을 때 그들의 무리한 사건수임 행태와 불공정한 사건 처리 과정을 비판하면서 주로 사용되었다. 즉 전관 변호사들이 의뢰인으로부터 터무니없이 많은 수임료를 받고 법원이나 검찰에서 취급하는 사건과 관련해서 소송, 고문이나 자문 등 방법으로 사건을 해결하는 과정에서 특별한 예우(특혜)를 받는 것을 의미하였다. 그러나 이런 전관예우의 나쁜 관행은 단지 법원이나 검찰 등 법조계에 한하지 않고 있다. 헌법재판소나 공정거래위원회, 국세청, 경찰, 금융감독원, 국토교통부 등 국민의 생활에 직접 영향력을 행사할 수 있는 소위 '힘 있는 공공기관'까지도 포함하는 의미로 확대되고 있다.

'전관예우'의 범위를 어떻게 이해하든 여전히 우리 국민은 전관예우라는 말을 통해서 먼저 사법부에 대한 부정적인 인식과 함께 사법절차의 투명성에 관한 의문을 갖게 된다. 전직 판사 또는 검사, 특히 고위직 판·검사 출신 변호사가 맡은 사건의 경우 현직 판·검사가 재판이나 수사 과정에서 불공정하게 특혜를 준다는 것이다.(이들 전관 변호사에게 사건을 맡기면 법원과 검찰로부터 '선배 예우' 차원에서 각종 편의를 받을 수 있다고 한다. 검찰 조사와 재판 출석을 조율하거나 증거자료 제출 등에서 상당히 유리하다는 주장이다. 특히 형사사건의 경우 불구속 수사, 구속적부심이나 보석 결정, 양형 등 판·검사의 재량이 발휘되는 부분에서 특히 전관의 영향력이 크다고 본다.)

전관예우를 이유로 사실상 전관이 수사과정이나 재판과정에 부당한 영향력을 행사할 수가 있다면, 이는 단순한 예우 차원이 아니라 특혜로서 '전관 범죄' 내지 '전관 비리'에 해당한다. 부당한 '전관예우'의 이름으로 자행되는 '전관 범죄' 또는 '전관 비리'를 방치하면 그 상대방인 약자가 피해를 보게 되는 것은 불을 보듯 뻔하다.

'전관예우'는 그동안 우리 법조계에서 진작 사라져야 할 부당한 관행으로 지목되어 왔으나 여전히 해결되지 못한 사회적 과제로서 남아있다. 이제 전관예우라는 법조계의 고질적 관행을 근절하기 위해서는, 전관예우가 가능하게 된 우리 법조의 특이한 환경을 면밀하게 관찰해서 더욱 효과적이고 엄격한 관리와 함께 및 특단의 수단을 동원할 때가 되었다.

(2) 대장동 '50억 클럽'과 전관예우

이렇게 우리 사회가 전관예우라는 법조계의 고질적 관행을 없애지 못하고 설마설마하면서 방치해 둔 사이 전관예우의 폐해는 일반 국민이 상상하기도 어려울 정도로 더욱 발전하고 진화하였다.

지난 20대 대선과정에서부터 크게 논란거리가 되었던 '대장동 사건'은 경기도 성남시 분당구 대장동 개발사업 당시 인허가권자로서 성남시장이었던 민주당 대통령 후보 이재명 측이 깊게 관련된 대형 특혜 의혹사건이다. 당시 성남시는 화천대유라는 특정 자산관리회사에 거액의 이익을 몰아주었으며 이를 감추기 위해 법조계와 언론계에 무차별적인 로비가 진행되었다는 특혜 의혹이 제기되어 지금까지 관련 사건 수사가 광범위하게 진행되고 있다. 바로 이러한 '대장동' 사건이야말로 새로운 형태로 진화한 전관예우라고 하지 않을 수 없다.

대장동 개발사업 특혜 의혹은 특수목적법인(SPC) 부동산개발회사 '성남의뜰' 지분참여자 화천대유의 대주주 김만배가 대장동 개발사업에서 조성된 아파트 분양수익으로 정치인과 전관예우 법조인 등 유력인사 6명에게 50억원씩 챙겨주려고 계획했다는 것이다. 세간에서는 자조적으로 그 상상조차 하기 어려운 거액 로비의 대상자들을 희화화하여 대장동 '50억 클럽'이라고 칭하고 있다.

'50억 클럽'은 지난 20대 대선 국면에서 상호 치열한 공방이 벌어지게 되면서 조금씩 그 실체가 드러났다. 2021년 10월 국회 정무위원회 국정감사에서 박수영 의원(국민의힘)이 그 대상자 6명의 명단을 처음 언론에 공개하였다. 그러다가 대장동 '50억 클럽'의 실체는 대장동 개발사업 특혜 의혹의 핵심 인물인 위 김만배(언론사 법조팀장)와 정영학(회계사) 사이의 녹취록을 통해서 다시금 확인되었다.

2. 법조계 : 고질적인 '전관예우'의 경연장

(1) 전관예우의 실태

지난 2016년 정운호 네이처리퍼블릭 대표의 상습도박 사건의 수사 및 재판 과정에서 그를 변론했던 이른바 '전관예우' 변호사인 홍만표 변호사와 부장판사 출신 최유정 변호사가 탈세와 변호사법위반 등으로 구속되었다. 이로 인하여 '전관예우' 변호사들이 '일반 국민으로서는 상상조차 하기 어려운 거액'의 수임료를 받고 법원·검찰에 로비를 시도한 정황이 속속 드러나면서 우리 사회에 큰 충격을 주었다.(홍 변호사는 대검 중수부 수사기획관, 검사장급인 대검 기획조정부장 등을 지낸 검찰 고위직 출신이다.)

홍 변호사는 '정운호 게이트' 사건 말고도 2011년 개업 후 소위 '돈이 되는 형사사건'은 거의 싹쓸이하면서 당국에 신고된 수임료로만 해도 1년에 거의 100억원 가까이 벌어들였다. 그는 변호사 수입으로 부동산회사를 따로 차려서 무려 100채 이상의 오피스텔을 매입해서 관리해 온 사실도 밝혀졌다.

앞서 최유정 변호사는 정운호 대표 등 2명으로부터 각 50억원씩, 모두 100억원에 이르는 엄청난 수임료를 받은 사실이 밝혀지면서 우리 국민은 그동안 소문으로 무성하던 '전관예우'의 실상을 목도하고 경악한 바 있다.(홍 변호사는 2013년 한 해 동안 당국에 신고한 수임료만도 91억원 이상에 이르렀다.)

사실 법조계의 한탕주의 문화로, 법조비리의 뿌리가 되는 전관예우의 폐습은 어제오늘의 일이 아니라 이미 우리 사회에 토착화하고 고질화 된 지 오래다.

당시 언론보도를 보면, 박근혜 정부 국무총리를 지낸 황교안 변호사가 그 직전 법무부 장관 임명을 위한 국회 청문회 과정에서 드러난 거액의 변호사 소득이 문제가 되었다. 그가 부산고검장 퇴임 후 법무법인 근무 시절 약 17개월간 올린 약 16억원의 소득에 대해서 '전관예우' 의혹이 폭넓게 확산된 것이다.

그전 2014년 5월 국무총리 후보자 청문회에 나가 보지도 못한 채 낙마한 안대희 전 대법관의 경우 그가 대법관 퇴임 후 변호사 개업 5개월 동안 약 16억원의 막대한 소득을 올린 것도 문제가 되었다. 이로 인하여 당시 고위층 관료사회의 '적폐 카르텔'이라고 할 수 있는 '관피아' 현상에 빗대어 '법피아'라는 웃지 못할 신조어까지 등장하였다. 당시 안 전 대법관은 "내가 생각해도 수입이 많았다"고 머리를 숙이고 "공직에서 받았던 과분한 평가가 사건수임에 도움이 된 측면도 있었다."고 하면서 급기야 11억원의 재산을 사회에 내놓기로 약속하기도 하였다.

당시 서울지방변호사회는 따로 논평을 내고 "안 후보자가 번 수임료는 일반 변호사로서는 꿈도 꾸지 못할 거액"이라면서 "이는 전관예우의 풍조가 만연한 가운데 사법질서의 공정성에 대한 믿음을 훼손시키는 일"이라고 지적하기도 하였다.

박근혜 정부 출범 당시 대통령직인수위원장을 지낸 김용준 전 국무총리 후보자도 대법관 및 헌법재판소 소장을 마치고 변호사로 개업하였다. 그는 대형 로펌에서 변호사로 활동한 약 7개월 동안 약 7억원을 받는 등 재산 문제로 인해 개인적으로는 온갖 망신을 당하고 결국 총리직에 오르지 못하기도 하였다.

이명박 정부 당시 정동기 감사원장 후보자는 2007년 대검찰청 차장직에서 퇴직한 후 변호사로서 대형 로펌에서 약 7개월간 7억 7000만원 정도를 받은 일이 전관예우 의혹으로 확대되었다. 2011년 이 문제는 결국 감사원장 인사청문회의 최대 쟁점으로 부각되었고, 결국 이로 인하여 그는 청문회 석상에 서 보지도 못하게 되었다.

(당시 경향신문은 '죽은 목숨도 살리는 전관의 힘, 모셔가기 경

쟁'이라는 제목으로, 조선일보는 '월급에 0 하나를 더 붙여라, 그들만의 화려한 2막', '이런데도 전관예우가 없다고 억지 부릴 건가'라는 제목으로 전관예우가 널리 관행화되어 있음을 지적했다.)

그 전에 이명박 정부 첫 법무부 장관인 김경한 장관도 서울고검장 퇴직 후 2002년부터 6년간 변호사로서 로펌에 근무하면서 재산이 48억원 가량 증가한 것으로 나타났다. 이로 인하여 김 변호사 또한 당시 2008년 법무부 장관 인사청문회에서 큰 논란이 되었다.

전관예우 의혹은 그 전 노무현 대통령의 참여정부 시절에도 예외가 아니었다. 2005년 당시 임명된 이용훈 대법원장은 2000년 대법관 퇴직 후 5년간 개인 변호사로 활동한 적이 있었다. 당시 공식적으로 세무당국에 신고된 수임료만으로도 그가 1년에 10억원 이상 5년간 약 60억원을 벌어들인 사실이 드러났다. 그 뒤에 대법관으로 지명된 박시환 변호사도 2003년 서울지법 부장판사 퇴직 후 약 22개월간 개인 변호사로 활동하였다. 그러면서 공식적으로 세무당국에 신고된 수임료만으로도 20억원에 육박하는 큰 돈을 벌어들인 일이 대법관 인사청문회 과정에서 문제가 되었다.

그러나 당시 운이 좋게 그들은 모두 대법원장과 대법관직에 무사히 임명되었다. 그렇지만 아이러니하게도, 그때부터 이용훈 대법원장 체제하에 로스쿨의 도입 등 사법개혁이 우리 사회에서 본격적으로 논의되기 시작하였다.

문재인 정권에서도 2018년 10월 경찰청 특수수사과는 당시 국정농단 사건으로 복역 중인 우병우 전 민정수석을 변호사법 위반 혐의로 검찰에 송치했다. 우 전 수석은 2013년 인천지검 부천지청장 등을 하다가 검사장 승진에 탈락하고 퇴직한 뒤 청와대 민정수석실 비서관에 임명되기까지 약 1년간 변호사로 활동하였다. 경찰은 그사이 우 전 수석이 현대그룹의 '비선실세' 사건, 가천대 인천 길병원 횡령 사건, 4대강 사업 입찰담합 사건 등 사회적으로 중요한 사건을 제대로 된 변론 활동도 없이 불법 수임한 것으로 보았다.

수사한 결과 경찰은 우 전 수석이 수사무마 취지의 청탁과 함께 착수금 등 명목으로 모두 10억5000만원에 이르는 거액의 수임료를 받았다고 한다.(우 전 수석은 2014년 청와대 민정비서관으로 임명되면서 공개한 재산만도 물경 423억3230만원에 이르는 등 당시 재산신고 대상 공직자 중에서 최고 부자에 속하였다.)

우선 현대그룹의 비선 실세가 경영에 개입하고 비자금을 조성했다는 의혹과 관련해서 현대그룹 측으로부터 수사 진행 상황 파악과 무혐의 처분 등을 조건으로 착수금과 성공보수 등 6억5000만원을 받았다고 한다.

가천대 길병원 횡령 사건과 관련해서는 당시 인천지검장과의 친분을 내세워 "3개월 안에 끝내주겠다"며 3억원을 받은 것으로 조사됐으며, 그는 해당 사건의 수사 결과 발표 일주일 전 인천지검장을 만났고 수사는 약속한 시일 안에 종결됐다고 한다. 그러나 이 과정에서 경찰은 그가 변호인 선임계도 제출하지 않았고, 의견서 제출 등 정상적인 변론 활동도 하지 않았다고 설명하였다.[변호사법 제29조의2 위반(변호인선임서 미제출 변호 금지)]

4대강 입찰 담합 사건도 우 전 수석의 장담대로 검찰 수사는 내사단계에서 종결됐는데 그 대가로 1억원을 받았다고 한다.

(2) 전관예우에 대한 우리 사회의 인식

이렇게 전관예우가 우리 사회에서 처음 문제가 되던 당시에 법조계 내부에서는 전관예우란 '사라지지 않는 신기루'처럼 법조계에 떠다니는 헛된 존재라면서 강하게 부인하거나 아주 예외적인 법조계 일부의 일탈행위에 불과하다는 식으로 여론을 호도해왔다. 전관예우의 존재에 대해서 일반 국민 대부분이 실제로 체감하고 있었지만, 지금까지 다수의 판사나 검사 등 현직 법조인들은 전관예우의 실체를 부정하고 있었다.

이에 대하여 2013년 6월 서울지방변호사회에서 사건을 직접 담당하는 서울지역 변호사 761명을 대상으로 실시한 설문조사에 의하면, 변호사 10명 중 9명은 법조계에 전관예우가 존재한다고 생각하는 것으로 나타났다.(이 조사는 전관예우에 관한 거의 최초의 실증적인 조사로 보인다.)

그러다가 2018년 10월 판·검사 대상으로 처음으로 실시한 전관예우 실태조사에서 비로소 판·검사들 스스로가 '법원 재판과 검찰 수사 등에서 전관예우가 존재한다'고 실토한 조사 결과가 나와서 충격을 주었다. 특히 전관예우 가능성을 완강히 부인해 왔던 판사들조차 4명 중 1명 정도의 비율(23.2%)로 판·검사 출신 전관 변호사 특혜가 존재한다고 답하였다.

당시 대법원 산하 '국민과 함께하는 사법발전위원회'가 고려대 산학협력단에 의뢰해서 3개월간 일반인 1014명과 판사, 검사, 변호사 등 법조 직역 종사자 1391명을 대상으로 폭넓게 설문조사를 실시하였다. 조사 결과 이들 법조 관련 종사자(법원·검찰청 직원 포함) 중에서 '전관예우가 있다'고 응답한 비율은 전체의 55.1%에 이르렀다. 검사는 응답자 중 42.9%, 변호사는 75.8%가 전관예우의 존재를 인정하였다. 이들은 그 근거를 직간접적인 경험에서 찾았다. 전관예우를 '실제 사건 처리과정에서 경험했다'고 답한 비율이 51.6%로 가장 높았고, '주변에서 경험한 사실을 직접 들었다'가 39.2%로 뒤를 이었다.

전관 변호사가 실제 기소 여부와 재판 결과에도 영향을 미칠 수 있다는 응답률도 절반에 가까웠다. 설문조사 참여자 중에서 검사의 15.9%가 전관이 개입되면 '기소와 불기소 여부를 바꿀 수 있다'고 답하였다. 판사의 13.3%는 '형사 재판의 결론을 바꿀 수 있다'고 답해서 더욱 충격을 주었다. 그러다 보니 법조 직역 종사자 5명 중 1명꼴로 의뢰인들에게 '돈이 더 들더라도 전관 변호사를 선임할 것을 권한다'고 답하는 것은 당연한 순서가 아닐 수 없다.

3. 전관예우 : 형사사건 변호사의 고액 수임료

(1) 형사사건과 전관예우

전관예우를 논할 때 일반적으로 민사사건, 가사사건, 행정사건, 헌법사건 등 모든 사건을 의식하게 된다. 그렇다 보니 마치 법원에서 취급되는 모든 사건들이 전관예우의 대상이 되는 것처럼 주장하여 논의의 초점을 흐리고 있다.

그들은 '변호사 수임료 제한' 문제에 있어서도 당사자들의 경제적 이익과 직결된 민사사건 등의 경우를 들면서 자유시장 원리, 계약자유의 원칙 등을 내세워 수임료 제한에 대한 반대론을 펼치고 있다. 이른바 대법관 출신 변호사의 '도장값' 등 민사사건 등에서도 전관예우의 폐해가 문제되지 않는 것은 아니다. 그러나 위에서 살펴본 바와 같이 '사법제도의 공정성'에 직접적인 해악을 끼치고 선량한 국민을 좌절시키고 분노하게 만드는 것은 바로 형사사건에서의 전관예우 관행이다.

전관예우는 구속이나 실형선고 등 형사사건에서 궁지에 몰린 피의자, 피고인이 비싼 수임료를 내면서까지 담당 재판부나 검찰에 영향력을 미칠 수 있는 고위직 판사나 검사 출신 전관 변호사를 찾게 되는 데서 나타난다. 전관 변호사들이 의뢰인의 이러한 심리를 이용해서 담당 재판부나 검찰에 영향력을 행사할 수 있다는 명목으로 턱없이 높은 수임료를 챙기는 구조가 핵심이다. 그러다 보니 국내 대형 로펌들도 전직 대법관, 법원장, 지검장 등 고위직 법조인들을 상대로 수 십억원의 거액 연봉을 제시하며 서로 모셔오기 위해 치열한 경쟁을 펼치기도 한다.

형사사건의 경우 전관예우의 폐해가 누적되면 결과적으로 사법부에 대한 '유전무죄, 무전유죄'라는 잘못된 국민의 인식을 고착화하게 된다. 나아가서 '사법 제도와 사법절차의 공정성' 자체에 대한 국민적 불신을 더욱 깊게 한다.

그동안 법조계 비리의 온상인 전관예우의 폐해는 역대 정권의 출범 초기부터 집권 세력과 기득권층의 도덕성과 윤리성에 치명상을 가해 왔다. 이는 궁극적으로 정권에 대한 민심이반의 결과를 초래할 뿐만 아니라 갈수록 심화되는 소득의 양극화, 빈부격차 현상과 함께 시장만능 자본주의의 폐해로까지 지적되고 있다.

또한 전관들에게 거액의 선임료를 지불할 능력이 있는 재력가 등 거물급 인사와 그렇지 못한 일반 서민들 사이에 소위 '가진 자와 가지지 못한 자'의 계층적 위화감도 갈수록 심각해진다. 일반 서민의 입장에서는 능력 있어 보이는 전관 변호사들을 선임하게 되면 그나마 남아있던 살림조차 거덜이 날 수 밖에 없다는 점에 대한 위화감이다. 미국의 경제학자 토드 부크홀츠(Todd G. Buchholz)에 의하면, 국가가 번영하면 국민들 사이에 소득과 부, 가치관의 차이가 커지면서 각 개인이 이를 쟁취하기 위해 안간힘을 쓰게 된다고 한다. 그러면서도 국민 개개인의 국가 공동체에 대한 관심은 약화되고 이는 결국 국가가 해체되는 수준에 이르는 원인이 된다고 경고한다.

(2) 전관예우와 전관범죄

이렇게 보면 전관예우는 "법치에 의존하는 국가의 정당성 자체, 우리 체제의 근간을 흔든다는 점에서 반체제(反體制) 사범에 해당하고, 전관과 현관 판검사 사이의 공생, 유착의 산물인 전관예우는 국가와 법에 대한 정면 도전으로 법치국가 대한민국의 적(敵)"이라는 인식도 무리가 아니다.(2016. 5. 13. 자 조선일보 윤평중 칼럼)

대기업의 오너나 고위직 임원의 경우 수 억원에서 수십 억원에 이르는 거액의 변호사 선임료를 개인 돈으로 내지 않고 회사 공금으로 처리하는 관행 또한 문제가 된다. 이는 명백하게 별개의 범죄를 구성하게 된다. 그 기업의 오너나 임원이 지출한 변호사 선임료는 회사의 공금으로 조성된 것이므로 '횡령죄'에 해당한다. 실제로 어느 전직 대기업 회장은 자신의 변호사 선임료 등으로 회사 기밀비 4억원 이상을 유용한 혐의로 기소되어 따로 재판을 받은 일도 있었다.

대기업 회장이 불법으로 유용한 회사자금으로 조성된 변호사 선임료는 결국 법적인 의미에서 장물(贓物)이 될 수밖에 없다. 거액의 수임료를 받은 변호사는 본의든 아니든 사실상 의뢰인과 함께 범죄의 대상물인 장물을 상호 분배해서 나누는 장물범죄의 공범이 된다. 더구나 전관 출신 변호사가 전관예우의 영향력이 없음에도 불구하고, 마치 영향력이 있는 것처럼 행세하여 거액의 수임료를 받아낸다면 이는 의뢰인을 기망한 사기범죄에 해당한다. 전관 출신 변호사가 인신구속에 관한 의뢰인의 궁박한 상태와 심리를 이용하여 겁을 주고 거액 수임료를 받았다면 공갈범죄에 해당한다.

결론적으로, 전관예우의 폐해로 지적되는 '전관범죄'는 수사절차에서 인신에 대한 구속과 불구속, 기소와 불기소에 관한 검사의 재량, 재판절차에서 구속과 불구속, 실형과 집행 유예 등 판사의 양형 재량이 존재하는 형사사건에서 주로 문제가 되고 있다. 그렇다면 더욱 더 전관예우, 나아가서 전관범죄의 방지를 위한 논의의 초점과 대책 또한 형사사건에 집중되어야 할 것이다.

4. 전관예우방지를 위한 제도의 문제점

(1) 형식적인 법조윤리교육

과거 사법연수원 시절에도 법조윤리 과목이 형식적인 교육에 그친다는 논란이 있었다. 그런데 현재 로스쿨 제도하에서는 법조윤리 교육 자체가 더욱 부실해 지고 있다. 법조윤리 과목은 로스쿨 필수과목으로 되어 있지만 당장 중요한 변호사시험을 대비하는 학생들로서는 솔직히 신경을 쓰지 않고 있는 것이 현실이다.(법조윤리 과목 시험은 관련 법규의 해설과 판례를 중심으로 객관식으로 출제된다. 또한 높게는 90% 이상 과목 합격률을 나타내고 있어 학생들도 거의 공부에 비중을 두지 않고 1, 2학년에 미리 응시해서 합격해 둔다.)

더구나 현행 법조윤리 교육은 법조인의 윤리, 도덕성이나 인성 교육과는 거의 관계가 없어 보인다. 법조인의 법률적인 의무와 책임 같은 내용에 치중할 뿐만 아니라 우리 사회의 고질인 '전관예우' 문제에 관하여는 언급조차 없다. 그러다 보니 법조윤리 과목을 공부하면서 '정의'라는 말만 들어도 두드러기가 난다는 학생들의 말도 무리가 아니다. 현행 법조윤리 교육은 '변호사법' 해설을 통한 변호사윤리를 중점으로 편성되어 있고, 법관윤리이나 검사윤리는 형식적인 곁다리에 지나지 않는다.

그동안 법조윤리 과목은 로스쿨 학생들이 법조의 기능과 현상에 관한 치열한 윤리적 문제의식을 전제하지 않고 대충 문제집을 푸는 방식으로 준비하면 합격할 수 있는 과목으로 인식되어 왔다. 이러한 인식이 바로 로스쿨에서의 법조윤리 교육의 부실로 이어진다는데 더욱 문제의 심각성이 있다.

앞으로 로스쿨 재학생이나 로스쿨 응시생 등 예비 법조인의 인성교육 내지 윤리교육에 대한 자성론이 더욱 강하게 제기될 필요가 있다. 나아가서 변호사시험에서 다루지 않는 일반 법학과목 다수가 폐강의 위기에 처해 있는 것 또한 현실이다. 그러다보니 각 대학의 로스쿨들이 종전의 사법시험을 대체하고 지금처럼 변호사시험을 통과하기 위한 수험학원의 기능에 만족할 것인지 근본적인 의문이 든다.

(2) 변호사 윤리장전의 문제점

2014. 2. 24. 대한변협이 14년 만에 '변호사 윤리장전'의 내용을 전면적으로 개정하였다. 형식적으로는 윤리장전 내의 윤리규칙을 윤리규약으로 명칭을 바꾸면서 윤리규약의 체제를 대폭 변경하였다. 내용적으로는 법원과 수사기관 등에 대한 윤리를 보완하여 변호사가 개인적 친분 또는 전관관계를 이용하여 법원이나 수사기관 등의 공정한 업무에 영향을 미치지 않도록 규정하였다. 또한 변호사법 규정을 반영하여 사건 유치 목적으로 법원, 수사기관, 교정기관 등에 출입하지 않도록 하고 법원, 수사기관 등의 공무원으로부터 해당 기관의 사건을 소개받지 않도록 하였다.

그러나 윤리장전이 변호사 자체의 내부 규약이긴 하지만 그 흔한 공청회 한번 거치지 않았던 점은 문제로 지적되었다. 법조윤리실태를 분석하고 감시하는 법조윤리협의회의 의견이나 법률서비스의 수요자인 일반 국민의 의견을 듣는 절차도 없이 변호사의 이해관계에만 치중했다는 비판을 받기도 하였다.

무엇보다 구 윤리장전 중 윤리규칙이 정하고 있는 '일반적 윤리'로서 아래와 같은 변호사 직업의 공공성, 윤리성을 강조한 종전의 윤리규정 제2조가 삭제되고 완전히 다른 내용으로 변경된 점은 변호사의 윤리의식 고취라는 당초의 취지에 반하여 일반 국민의 호응을 받기는 어렵다고 본다.

(3) 소위 '전관예우방지법'의 문제

2011년 국회 사법제도개혁특위에서 소위 '전관예우방지법'으로 낸 법안은 기존의 변호사법을 개정한 것이다. 판·검사와 장기복무 군법무관, 변호사 자격이 있는 공무원 등이 퇴직 후 변호사로 개업할 경우 퇴직 전 1년간 근무했던 기관에서 처리하는 사건을 1년간 수임하지 못하도록 변호사법을 개정한 것이다. 이는 전관 출신 변호사의 사건 수임을 일정 부분 금지한 것으로, 그가 직전 1년간 전관으로 근무한 기관이 처리하는 사건의 수임을 제한하는 것이 주요 내용이다.(변호사법 제31조 제3항)

또한 판사나 검사로 근무하다 퇴직해서 변호사로 개업하면 퇴직 후 2년간 수임 사건에 관한 자료와 처리 결과를 일정한 기간마다 소속 지방 변호사회에 제출해야 하고, 그 지방변호사회는 제출받은 자료를 법조윤리협의회에 제출해서 전관 출신 변호사의 수임과정과 처리 결과의 적정성 등을 심사하도록 하였다. 그 과정에서 선임계의 미제출 등 징계사유나 위법성이 발견되면 윤리협의회 위원장은 대한변협회장이나 지방검찰청 검사장에게 해당 변호사에 대한 징계개시를 신청하거나 수사를 의뢰할 수 있도록 하였다.(변호사법 제89조의4)

그러나 위와 같은 기존의 전관예우방지 대책은 전관예우를 형사사건뿐만 아니라 민사, 가사사건 등 모든 관련 사건으로 범위를 확대한 것에 불과하다. 따라서 현재와 같은 법조윤리협의회의 기능과 인력만으로는 처음부터 전관예우가 직접 문제되는 사안을 식별하여 규제하기는 거의 불가능한 것으로 보인다.

또한 고액 수임료와 직결되는 전관예우는 주로 선임계를 제출하지 않고 사건을 수임한 전관 변호사의 소위 '전화변론'이나 '몰래변론'이 문제가 된다. 그런데 이러한 경우는 상대적으로 약자의 지위에 있는 사건 의뢰인(주로 형사사건의 피의자나 피고인)의 내부고발이나 국회 청문회 또는 국정조사 등 특별한 경우가 아니면 밝혀내기 어렵다. 나아가서 설사 고액 수임료와 관련된 전관예우가 적발된다고 하더라도 탈세 등 특별한 경우가 아니면 전관 변호사에 대한 형사처벌이 어려운 것이 현실이다. 그러다보니 대부분 전관 변호사에 대한 징계처분도 과태료 부과 등에 불과하여 전관예우를 뿌리 뽑기는 거의 불가능하다.(위 사례에서 전 서울중앙지검장 출신 최 변호사의 경우 전관예우 등에 관해서는 아무 것도 밝혀내지 못하고 대한변협으로부터 선임계 미제출을 이유로 과태료 2000만원의 징계처분을 받았을 뿐이다.)

5. 백약이 무효인 고질병(탐욕에 대한 제도적 통제)

(1) 전관예우 방지를 위한 법조계의 노력

한때 정운호 네이처 리퍼블릭 대표를 둘러싼 '전관예우' 및 '고액 수임료' 문제와 '법조 비리' 의혹이 법조계 안팎을 발칵 뒤집어 놓았다. 이에 우리 법원과 재야 법조계가 뒤늦게 사법 시스템에 대한 국민의 신뢰를 회복할 수 있는 대책 마련에 들어갔다.

우선 법원행정처는 전국 일선 법관들을 상대로 사법 신뢰를 저해하는 각종 법조 비리 방지 대책에 관한 의견을 수렴하고, '전화 변론'이나 판사들의 '외부인 접촉' 등 당면한 문제의 실태 파악에 나섰다. 일선의 의견을 수렴한 다음 기획조정실을 중심으로 'TF 팀'을 만들어 구체적인 대책을 수립해 나간다는 방침을 밝혔다. 대한변호사협회도 2016년 5월 전국의 회원들에게 '법조 비리 척결 방안'에 관한 의견을 취합하여 국회와 정부에 제시하였다.

그렇게 해서 지금까지 변호사법 개정으로 반영된, '전관예우 방지'를 위한 제도는 대표적으로 일정 기간 '전관 변호사의 사건 수임 제한'이 대표적이다. 즉 판·검사가 퇴임하면 직전 근무지에서 변호사로서 1년 동안 수임하지 못하도록 규정하고, 변호사의 업무광고 규정상 전관 수임 제한의 해제 광고를 금지하는 것이다. 전관예우의 폐해로 지적되어 온 변호사 선임계 미제출이나 전화 변론 등의 행위에 대한 형벌규정도 마련하였다. 법조윤리협의회를 설치해서 공직 퇴임 변호사의 경우 2년 내 사건 수임 자료를 법조윤리협의회에 제출하도록 하는 등 대책을 마련하였다. 변호사단체에서도 비리 관련 전관 변호사의 등록 제한과 징계 강화 등 전관예우 방지 노력에 대한 홍보에 힘쓰고 있다.

그러나 대법원과 변호사단체의 전관예우와 법조 비리 문제 해결을 위한 구성원 대상 의견수렴은 새삼스러운 일이 아니다. 그 결과로 내놓은 여러 가지 새로운 대책 또한 지금까지 별다른 효과를 낸 것으로 보기 어렵다.

당시 서울지방변호사회는 전관예우 문제를 해결하기 위한 구체적인 방안으로 '평생법관', '평생검사' 제도 도입을 추진하겠다고 밝혔다. 법관이나 검사로 재직한 사람은 정년까지 복무하도록 하는 대신 퇴직 후 변호사 개업을 하지 못하도록 하겠다는 것이다. 전관예우 논란을 막기 위해서는 전관을 아예 배출하지 않게 하는 방법으로 전관예우를 근원적으로 차단하는 시스템을 만든다는 발상이다. 구체적으로 살펴보면, 직급과 무관하게 모든 법관의 정년은 70세로, 검사의 정년은 65세로 일치시키고, 정년 이전에 불가피하게 퇴임한 경우 무료 법률상담 또는 무변촌 국선대리, 국선변호 등 공익적 성격의 변호사 직무만 수행하게 한다는 내용이다.

그러나 평생법관제와 평생검사제를 법률로써 강제하는 것은, 아무리 전관예우 문제의 해결이라는 공익적 필요성이 크다고 하더라도 법 논리상 무리가 아닐 수 없다. 장래에 예상되는 불확

실하고 막연한 위험(전관예우)을 근거로 특정인을 상대로 직업선택의 자유를 근본적으로 침해하게 되는 헌법적 문제가 따르게 된다.

무엇보다 형사사건 수임료 제한을 통하여 현직 법조인에게 장래 개업 후 불합리한 수준의 고액 수임료에 대한 기대가 사라진다면 평생법관제와 평생검사제는 그 부수적 효과로 도입될 수 있다. 본말을 전도하여 평생법관제와 평생검사제를 법률로써 강제하는 것은 그야말로 견지망월((見指忘月)의 우를 범하는 행태가 아닐 수 없다. (일본의 경우 관행적으로 평생법관제 등이 정착화하고 있는 것으로 보이는데, 바로 우리나라와 같은 전관예우의 관행도 없다는 점에서 상호연관성을 찾을 수 있다.)

그동안 전관예우 문제에 대하여, 사법개혁의 차원에서 이를 개선하기 위하여 주로 논의되어 온 것은,
① 사법연수원이나 로스쿨 중심의 법조윤리 교육 강화
② 판사 또는 검사 출신 변호사의 개업 제한 강화
③ 전관 출신 변호사의 유관기관 취업 제한
④ 대법관 등 법조 고위직 출신의 변호사 개업 금지 또는 제한
등이었다.

최근에는 법조계뿐만 아니라 일반 공직자를 대상으로 폭넓게 부정청탁과 금품수수의 금지를 주된 내용으로 하는 '청탁금지

법'이 제정, 시행되고 있다. 이에 따라 전관예우 문제가 다소나마 해결될 것으로 기대하는 시각도 없지 않다. 그러나 '청탁금지법'은 법조뿐만 아니라 공직사회 전반, 나아가서 언론계, 교육계 등 민간영역까지 광범위하게 그 대상으로 다루고 있다. 그러다 보니 '청탁금지법'은 음식이나 선물 제공, 축의금 제한 등 비교적 소소한 규제를 중심으로 하고 있어 전관예우나 고액 수임료와 같은 은밀한 형태의 법조비리를 규제하기에는 한계가 있다.

2015년 8월 서울중앙지법은 재판부와 변호인이 연고 관계 등으로 얽혀 있는 경우 사건을 다른 재판부로 보내는 재배당 제도[변호인 연고 재배당 제도]를 도입하였다. 이러한 '변호인 연고 재배당 제도'는 서울고법, 대구고법, 부산고법 등으로 확대, 시행되었다. 하지만 이런 제도만으로는 은밀하게 행해지는 전관예우의 폐해를 제대로 막기 어렵다는 평가가 여전히 나오고 있다.

(2) 탐욕에 대한 제도적 통제

우리 법조가 전관예우의 폐해 방지를 위하여 경험해 온 어떤 제도나 방안들도, 형사사건 수임료 상한제가 아니라면, 백약(百藥)이 무효라고 하지 않을 수 없다. 이제 법관과 검사, 전관 출신 변호사 등 법조인 개인의 윤리의식, 도덕관념, 사명감 같은 허울에 기대어 스스로 전관예우 방지 등 법조윤리를 지켜나가게 하는 것은 거의 불가능하다.

결국 인간의 오장육부에 가득한 탐욕은 스스로 제어하기에는 분명 한계가 있다. 따라서 인간의 탐욕에 대하여는 어느 정도 제도적, 시스템적 통제가 필요하다.

미국과 유럽, 일본 등 법조 선진국이라고 할 수 있는 어느 나라에도 없는, 우리 사회 특유의 고질인 '전관예우' 나아가서 '전관범죄', '전관비리'의 관행을 근본적으로 타파하기 위해서는, 특히 형사사건의 경우 변호사 수임료 상한제를 도입해야 한다. '법은 최소한의 도덕'이라는 말이 상징하고 있는 것처럼 전관 변호사에게 수임료와 관련한 최소한의 도덕 기준, 즉 수임료의 상한을 법으로 정해주는 것은 이제 더 미룰 일이 아니다. 더구나 '전관예우' 중에서 '전관범죄'에 해당하는 비리를 구분해 내기 위해서는 형사사건의 경우 변호사 수임료의 상한을 법으로 미리 정해 두는 것이 타당하다고 본다.

전관예우의 폐해는 전관예우를 받는 변호사에만 국한되는 것이 아니라 전관예우를 해 주는 현직 법관이나 검사에게도 직접적인 영향을 미친다. 고위 법조인 출신 변호사에 대한 '전관예우'는 후배인 젊은 현직 판사나 검사가 선배 변호사에게 예우하는 것이다. 특별한 조치가 없는 한, 전관예우의 폐해는 선후배 법조인 사이에서 끊임없이 순환하게 된다. 전관예우의 폐해를 끊어내기 위해서는 현직 법관이나 검사들에게 장차 자신들이 퇴직 후 개업해서 받게 될 전관예우에 대한 기대를 없애는 조치가 중요하다.

결론 : 형사사건의 변호사 수임료 상한제 도입

　우리 법조계의 고질적 병폐로 널리 인식되고 있는 전관예우는 '판사나 검사로 재직했던 사람이 변호사로 개업하면서 맡은 사건에 대해서 법원과 검찰에서 유리하게 처리해 주는 법조계의 관행적 특혜'를 이른다. 인터넷 위키백과에 의하면, 보다 직설적으로 '대한민국 법조계의 잘못된 관행으로 판사나 검사를 하다가 물러나 변호사를 갓 개업한 사람에게 법원이나 검찰에서 유리한 판결이나 처분을 내려주는 관행'을 의미한다. 이제 전관예우는 우리 사회에서 '법조비리'를 대표하는 용어가 되었다. 더구나 형사사건에 미치는 전관예우의 폐해는 급등하는 수임료로 인하여 정당한 노동의 대가라는 관념조차 흐리게 하고 있다.

　다산 정약용이 설파한 것처럼, 전관예우로 법조계가 '돈에 흐려져서 살려야 할 사람은 죽이고, 죽여야 할 사람은 살리고서도 태연하고 편안할 수 있다.'는 것은 국민 정서상 결코 용납될 수 없는 일이다. '돈 있는 사람은 전관예우를 받는 비싼 변호사를 사서 검찰수사나 재판에서 빠져 나오고, 돈 없는 사람은 그런 변호사를 못 구해서 감옥에 간다.'는 이른바 '유전무죄 무전유죄'로 인한 일반 국민의 피해의식과 상대적 박탈감은 국민적 좌절과 함께 기득권층 및 사회지도층에 대한 분노를 일으키고 있다.

　많은 국민들이 유전무죄, 무전유죄 현상이 여전히 존재한다고 믿고 있는 사회적 풍토에서 형사사건에 관한 지나치게 과도한 보수약정은 형사사법의 공정성에 대한 불신을 증폭시키는 역할을 해 왔다. 어떤 사법제도나 사법기관도 주권자인 국민의 신뢰와 공감을 잃게 되면 존립의 기반이 상실되는 것은 당연한 이치다.

형사사건의 경우 지나치게 과도한 수임료를 약정하는 변호사의 행위 자체가 변호사의 공공성과 직업적 윤리성에 배치되고 형사사법에 관한 국민의 불신을 초래한다. 이제라도 많은 국민이 어떤 사법제도나 실무 관행이 잘못되었다고 지적하면 이는 마땅히 바로잡아야 한다.

앞으로는 형사사건 변호사 수임료 제한에 대한 어떠한 반대 논리보다 당장 고위 법조인 출신의 '아킬레스 건'으로 인사청문회 등에서 법조인 출신 공직 후보자의 발목을 잡는 전관예우의 잘못된 관행을 바로 잡고, 일부 현직 고위 법조인들과 전관 출신 변호사들에게 만연하고 있는 '개업 후 단기간에 평생 먹고살 돈을 벌어야 한다.'는 강박적 탐욕을 버림에 따라 소위 '사건 브로커'를 통한 '사건 싹쓸이'를 억제하고, 현직 고위 법조인들의 잘못된 '보상심리'와 타인을 심판하는 '선민의식'에서 기인하는 귀족주의, 순혈주의, 엘리트주의를 벗어 던지고, 이제 법조인 3만 명을 넘어선 시대, 전관 변호사에 대비하여 '전관예우'를 받지 못하는 젊은 변호사의 빈부격차로 인한 상대적 박탈감을 해소하여 그들이 제대로 일할 수 있는 여건을 마련해 주고, 궁극적으로는 사법시스템과 법조에 대한 국민의 신뢰를 회복하고 법조인들로 하여금 정의 관념과 양심을 되찾도록 하기 위하여,

다시금 형사사건에 한해서라도 변호사 수임료 상한제의 도입을 진지하게 검토해야 한다.

* 2019년 12월 한국형사정책연구원이 발표한 전관예우 실태조사 결과에 따르면, 법원·검찰에서 부장 판·검사로 근무하다 퇴임한 지 1년이 채 되지 않은 전관 변호사들은 건당 수임료로 평균 1495만원을 받는 것으로 나타났다. 이는 '전관예우'와 거리가 있는 사법연수원 출신 변호사가 받는 건당 수임료 525만원보다 3배가량 많은 것이다. 일반 판·검사 출신 변호사의 건당 평균 수임료는 그 중간인 995만원으로 나타났다.

(2009년 3월 로스쿨 제도가 출범한 후 2012년 제1회 변호사시험이 치러지고 10년간 변호사 숫자는 빠르게 늘어났다. 법무부 자료에 의하면 2023. 3. 31. 기준 전국 등록변호사 수는 3만 3162명이다. 2013년 8월 기준 1만5905명이었던 것에 비교하면 10년 사이 두 배 이상이 늘어났다.)

* 자유민주주의 시장경제 체제하에서도, 계약자유의 원칙은 지고지선하여 무제한의 자유가 허용되는 것이 아니라 '전관범죄에 해당하는 전관예우의 타파'를 통하여 회복될 수 있는 사회질서 유지와 공공복리를 위하여 제한될 수 있다. 실제로 사회질서

와 공공복리를 목적으로 의사의 진료행위, 공인중개사의 중개행위 기타 전문직업인의 영업행위에 대한 수가 또는 보수의 제한이나 전기, 통신 등 공공서비스 요금에 대해서도 적정한 가격의 제한 제도가 폭넓게 실시되고 있다.

결론적으로, 사법기관의 신뢰 회복과 관련하여 우리 사회에서 가장 현안이 되고 있는 전관예우 문제와 이에 파생하는 문제들에 대한 거의 직접적이고 최종적인 해결책으로, 일단 형사사건에 한해서라도 "수임료 상한제"가 도입되어야 할 것이다.

형사사건에 있어 전관예우 문제는 변호사를 포함한 법조인의 윤리의식에 맡길 단계는 이미 지났다고 판단되므로 이제 수임료 상한제 도입을 위한 입법적 결단이 요구된다. 굳이 Noblesse Oblige를 들지 않더라도, '기본적 인권의 옹호와 사회정의의 실현'을 사명으로 하고 여전히 소수의 기득권층이며 사회지도층에 해당하는 대한변협 등 변호사단체에서 종전의 태도를 바꾸어야 한다. 결국 법조인들이 먼저 자기희생적인 관점에서, 보다 자발적으로 우선 형사사건에 한해서라도 수임료 상한제의 도입을 촉구하는 것을 진지하게 검토해야 한다.

위에서 소개한 획기적인 대법원 판결도, 우리 대법원이 모처럼 단호하게 '사법적극주의'의 관점에서 종래의 판례를 변경하면서까지 형사사건 성공보수 약정의 무효 등 우리 법조에 만연한 형사사법의 잘못된 관행에 대한 정책적 결단을 표시한 것으로 볼 수 있다. 차제에 성공보수 약정을 민법 제103조의 해석과 판례에만 맡길 것이 아니라 이를 법률적으로 금지하는 입법적인 조치가 형사사건 수임료의 제한과 함께 있어야 할 것이다.

(현재 제21대 국회는 전체 의원 300명 중 전관예우와 관련 있는 법조인 출신 국회의원이 46명으로 다수를 차지하고 있다. 그들이 과거처럼 기존 법조의 이해관계를 대변하는 태도에서 벗어나 형사사건의 변호사수임료 상한선 제한 등 법의 지배를 실질적으로 구현하고 추락한 법조의 신뢰를 회복하는데 앞장서기를 기대한다.)

[글쓴이] 박인환
전 검사. 변호사. 특권폐지국민운동본부 상임대표

고위공직자의 전관예우 대처 방안

장영철 (특본 정책위원장)

행정부 출신 고위공직자의 '전관예우' 현황

전관예우는 주로 사법분야에서 소송당사자가 자신에게 유리한 결과를 이끌어내기 위하여 전관의 현직후배들에 대한 영향력을 활용하려는 행태로 이해되어 왔음.

그러나, 지금은 그 의미가 상당히 확장되어 사법부만이 아니라 행정부 및 공공기관의 고위공직을 지낸 사람들이 대형법무법인으로 이직하여 의뢰인 등의 이익을 위하여 과거 자신이 몸담았던 조직을 상대로 영향력을 활용하려는 행태까지 포괄하여 지칭하고 있음.

특히 행정부처 중 금융, 세무, 공정거래, 건설 등 인허가권이나 감독 권한을 갖고 있는 부처나 대규모 사업을 추진하는 부처 출신의 고위공직자가 법무법인의 의뢰인을 위하여 진행되는 각종 소송이나 법령 개정 및 유권 해석, 나아가 각종 인허가 취득 및 행정 처분 등의 행정행위에 대하여 근무 경험을 활용하여 자문 활동을 하거나 현직에 재직하는 인맥에게 로비하는 등의 행위를 하고 법무법인으로부터 고액의 연봉을 받는 행태가 일반적

이어서 일종의 로비스트 역할을 하고 있다고 볼 수 있음. 이 과정에서 법무법인의 고액서비스를 받을 수 있는 사람들이 유리할 수 밖에 없기 때문에 '사법부의 전관예우'와 같이 '유전무죄'라는 비난을 받을 수 있음.

　* 김동연 현 경기지사의 증언 (2022.4.18. 페이스북) : 고위공직자들의 전관예우가 우리 사회에 광범위하게 퍼져 있습니다. 저에게도 수차례 '전관 영입' 시도가 있었습니다. 2014년 국무조정실장 퇴임 후 대형 로펌들에서 제의가 쏟아졌습니다. 그걸 피하려고 경기도 양평에 농가 방을 얻어서 6개월 칩거를 했습니다. 문재인 정부 경제부총리 퇴임 후에도 마찬가지였습니다. 연봉 10억~20억 원대를 제시하거나 심지어 백지수표를 내민 곳도 있었습니다. 2년 동안 전국을 돌며 피해 다녔습니다.

　* 스카이데일리 사설 (2021.10.01.) : 금융감독원 퇴직자 취업 현황 자료에 따르면 최근 1년간(2020~2021년 8월 기준) 금감원 퇴직 후 공직자윤리위원회 심의를 통해 재취업한 4급 이상 직원은 총 44명이다. 이 가운데 로펌에 재취업한 퇴직자는 13명으로 전체 퇴직자의 30%에 이른다. 지난해 퇴직자 24명 중 4명이 로펌으로 재취업(17%)했다면, 올해 퇴직자(20명) 중에서는 50% 가까이(9명) 대형 로펌 행을 택했다. 금융사에 대한 관리감독 업무를 해온 금감원 출신들이 각종 이슈가 터질 때마다 관련

금융사나 로펌 등에서 금감원에 상당한 영향력을 행사할 수 있는 '방패'가 될 수 있다는 지적이다.

  물론 퇴직 공무원들이 공직 수행 과정에서 쌓아온 지식 및 경험과 인적 네트워크가 사장되지 않고 우리 사회를 위하여 활용하는 것은 국가적으로 바람직한 점은 있음. 그렇다고 해서 '전관예우'를 활용하여 특정 계층의 이익을 대변하여 공공의 이익을 침해함으로써 사회적 비용을 초래하는 것은 문제가 아닐 수 없음.

  즉, 정부정책의 형성과정을 잘 아는 전관 고위공직자들이 고액의 보수를 받고 특정 집단의 이익을 위하여 출신 부처 및 산하 국가업무 대행 공공기관의 현직에 실질적 영향력을 행사하여 정부의 정책을 왜곡시키고 각종 규제를 회피하거나 우회시키는 등의 불공정한 행위는 '권력을 사유화하면서 이익은 취하고 손실은 사회화' 하는 행위라고 규정할 수 있음.

  이러한 전관과 현직 공무원의 '누이 좋고 매부 좋은' 식의 유착관계가 지속될 경우 형성되는 인적 카르텔(이른바 '관피아')이 시간이 흐를수록 견고해지게 됨은 당연함. 이러한 카르텔 장벽을 뚫을 능력이 없는 일반 국민에게 소수의 특권층이 부당하게 이익을 차지하는 모습을 자주 목격하게 될 때 느끼는 비애감은 상당할 것임. 나라의 발전을 위하여 가장 중요한 것이 국민을 통합시키는 일임에도 상당수의 국민이 이러한 '전관예우'로 인하여 괴리감을 느낄 뿐만 아니라 한걸음 더 나아가 정부에 비협조적으로 된다면 정부의 국정운영이 어려워지는 것은 자명함. 더구나 신기술을 개발한 사람이, 신기술에 위협을 받게 되는 기득권층의 전관예우를 활용한 로비의 벽에 가로막혀 상용화 등의 시장 진입에 실패하는 사례도 많음. 전관예우가 악용되어 '인적 카르텔'이라는 장벽으로 진화되면서 우리 사회에서 새롭게 시도되는 각종 혁신이 방해를 받을 수 밖에 없음. 결국 소수의 이익을 지키려다가 우리 사회의 새로운 산업 및 일자리의 창출이 위협받고 청년층의 사회진입을 방해하면서 결국 사회의 전반적인 경제 활력이 크게 저하되는 부정적인 영향이 발생 될 우려가 있음.

※ '관피아' (관+마피아의 합성어) : 정부 부처의 퇴직공직자가 관련 기관·기업·단체 등에 재취업하고 인맥과 지위를 이용하여 재취업 기관의 이익을 대변하는 것을 말함. 관피아는 민관 유착을 형성하고 부정부패의 원인이 되어 사회에 악영향을 미치는 악습임 (경실련, 관피아 실태보고서)

퇴직한 영향력 있는 고위공직자들 스카웃은 전관예우를 활용한 '인적 카르텔' 구축의 출발점

대형 법무법인 외에도 민간대기업 및 금융기관, 사업자들의 이익을 대변하는 각종 협회나 조합 역시 전관예우를 활용하기 위하여 나름대로 열심히 노력하고 있지만 '전관예우'의 핵심은 아직까지는 대형법무법인이 주도하고 있다고 할 수 있음.

특히 국내 법률시장을 주도하는 대형법무법인에 사건을 의뢰하는 경우가 많아지면서 법무법인은 더욱 대형화되는 추세가 확산되고 있음.

* 2022년 기준 대형법무법인의 매출액(법무부 통계, ( )내는 변호사 수)

1위 김앤장 1조3천억원(962명), 2위 광장 3,762억원(568명),

3위 태평양 3,683억원(497명), 4위 율촌 3,040억원(410명),

5위 세종 2,985억원(507명), 6위 화우 2,062억원(325명),

7위 지평 1,101억원(245명), 8위 바른 862억원(225명),

9위 대륙아주 848억원(215명), 10위 동인 575억원(180명)

* 김앤장의 변호사 초임 연봉은 비공개이나 1억8천만원~2억4천만원 수준으로 추정

이들 대형 법무법인은 거액의 수임비용을 지불할 능력이 있는 의뢰인의 이익을 확실히 지켜낼 수 있도록 원래의 전문분야인 법률분야뿐만 아니라 이와 연결되는 각 전문 행정분야의 전관 전문가들의 역량과 영향력을 활용하기 위하여 고액의 연봉을 제시하면서 퇴직 고위공직자의 영입에 적극 노력하고 있음.

특기할 만한 것은 대형법무법인은 행정부처의 권력 변화 추이

에 민감하게 반응한다는 것인데 2023.1.5.자 조선일보에 의하면 '대형로펌까지 뛰어든 경찰전관 모시기 경쟁...경찰수사권 확대 영향'이라는 제목으로 검수완박에 따른 파급효과를 보도하고 있음.

퇴직 고위공직자들의 대형법무법인 취업 관련 사항은 공개되지 않아 정확한 현황 파악은 사실상 어려움. 다만 시민단체 등에서 간헐적이고 단편적으로 조사한 보고서를 통하여 그 일면을 엿볼 수는 있음.

경제정의실천연대(경실련)이 2016년~2021년 8월 간 취업승인 받은 경제 관련 8개 부처 퇴직공직자 485명 취업현황을 조사한 자료(관피아 실태보고서)에 의하면 규제권력이 강한 부처일수록 협회 및 조합 취업률이 높고 민간 기업에 대한 영향력이 강한 부처는 민간 기업 취업이 높은 경향을 보이고 있음을 알 수 있음. 다만 보수 수준은 공표되지 않아 파악이 어려워 이를 보고서에 담고 있지는 못함.

전관출신이 업무 연관성이 높은 단체 등으로 재취업하는 현상은 국민권익위원회에서도 확인하고 있음. 아울러 공직경력으로 세무사 등의 전문 자격증을 취득하였지만 전 소속기관에 대한 '수임제한 등'의 행위규제를 하지 않아 전관예우를 방지하지 못함을 지적하고 있음.

※ 국민권익위원회 「공직사회의 기득권카르텔 방지·
전관특혜관행 개선」 토론회 (2022.11)

- 전관출신이 업무 연관성 높은 단체 등으로 재취업 여전
  - 해양수산부, 부산·인천·여수광양·울산항만공사 출신
    퇴직자가 재취업 중인 민간업체 총 177개사,
    이 중 취업 심사 제외업체는 125개사(70.7%)에 달함
  - 식품의약품안전처는 4년간('17~'20.9월) 전체 재취업 퇴직자 27명 전원
    산하기관, 관련 기관 취업

- 공직경력으로 시험 없이 전문자격증 취득, 공직 퇴임
이후 전 소속기관에 대한 '수임제한 등' 행위규제 장치 미비 등

1999년 규개위 결정으로 국가전문자격증 (총 175개 종) 시험에 공직경력 자동 인정 제도가 폐지되었지만, 세무사 등 15종* 전문자격사는 공직경력자에 일부 과목 시험 면제 유지 및 전 소속기관 수임제한 없는 경우 다수 (법무사, 세무사, 관세사, 행정사, 변리사, 감정평가사 등)

※ 지난 4년간('17~'20년) LH가 발주한 전체 감정평가 용역 금액 (482.2억원) 중 LH 출신 감정평가사가 수임한 수수료 금액은 전체 감정평가용역 수수료의 23.3% (112.4억원)

(참조) 별첨. 퇴직공직자(중견)의 법무법인 및 유관기업 이동 급증

대형법무법인에 취업하였다가 장관 등 국회인사청문회를 거쳐야하는 자리로 임명되는 경우 국회인사청문회 과정에서 제출된 취업 자료를 통하여 이들의 대형법무법인에의 취업실태가 단편적으로 보도되고 있음.

물론 국회의 인사청문회 과정에서 이들은 대체로 전관예우를 부정하고 구체적 사건에는 관여하지 않거나 부당한 영향력을 행사하지는 않았다고 해명을 하고 있지만 이들의 현직들에 대한 영향력을 부정하기는 어렵다는 의견이 지배적임.

아무래도 공정거래나 특허 등의 심사, 세무, 각종 인허가 등의 분야는 사건도 많고 쟁점도 많은 분야이므로 전관의 조언이 유리하게 작용될 개연성을 배제하기는 어려울 것으로 보임.

**'인적 카르텔'이 전관과 현직의 합작범죄
(이른바 '전관범죄')로 진화 중**

현재 행정의 전 영역에서 현직과 전관이 적극 공모하는 구조가 진화되면서 '이권 카르텔'이라는 용어가 일상화되고 있음. 즉, '전관예우'가 단순히 공직 선후배 간의 단발성 거래를 넘어 그야말로 진정한 의미의 조직화 된 '전관범죄'로 진화되고 있다는 의구심이 무리는 아님.

전관합작의 이권 카르텔이 본격화되면 공직의 부정부패가 구조적인 부정부패로 고착화 될 가능성이 높다고 볼 수 있음.

예를 들면 한국토지주택공사(LH)의 신도시 개발정보 유출 토지투기 및 뿌리 깊은 전관 우대 납품 등 공공기관의 전관유착, 최근 부각 된 사교육시장의 '수능 킬러 문제', 태양광을 둘러싼 각종 비리 기타 행정기관의 다양한 인허가 및 심사 과정 등에서 다양한 형태의 전관예우가 밝혀지고 있음. 특히 태양광 비리의 경우에는 산자부 담당 공무원이 태양광발전소 허가 과정에서 민간 업체의 청탁을 주선하고는 퇴직하여 이 업체에 재취업한 사실은 공직 윤리를 정면으로 저버렸을 뿐만 아니라 재취업 후 전관으로서 계속 영향력을 가지려고 했다는 점에서 중대한 부패임.

사교육시장의 비리는 막대한 사교육비용을 감당할 수 있는 계층을 위한 불공정 행위이며 울며 겨자 먹기로 따라갈 수 밖에 없다고 체념하는 중산층 부모들의 노후대비 재산을 약탈당하게 하는 중대한 범죄이고 뒤쳐진 학생들의 학습의욕을 저해하고 미래를 포기하는 사태에 이르게 하는 사회적 역기능을 보여 주고 있음. 최근 발각된 LH 발주 아파트 공사현장에서 철근을 빼먹은 소위 "순살 아파트" 사건은 '전관과의 공모'가 국민의 안전을 위협하는 중대한 범죄로까지 진화하였음을 입증하는 사건으로서 사회적으로 큰 파장을 낳고 있음.

공정한 행정을 구현하여야 할 책임이 있는 공직자들이 권한을 악용하여 전관이든 현직이든 사익을 챙기고 전관예우를 악용하는 부정부패는 철저히 차단하여야 함. 특히 전관과 현직이 공모하는 구조적 부정부패인 '인적 카르텔'이라는 전관범죄가 정착되지 않도록 이를 사전에 차단하고 사후 처벌을 강화하여 공직기강을 재정립하고 국민의 생명과 재산이 위협받지 않도록 하는 과제가 국가적으로 필요함.

※ 대통령 (2022.06.21.국무회의) "우리 경제의 성장 발목을 잡고 있는 이권카르텔, 부당한 지대추구의 폐습을 단호하게 없애는 것이 바로 규제혁신이고 우리 경제를 키우는 것"
  (2022.10.11. 국무회의) "청년들이 공정한 출발선에 서서 미래를 설계할 수 있도록 희망의 사다리를 놓아야 한다"
  대통령실 : 6.16 교육부 대입담당 국장을 대기발령 조치한 것과 관련, "강력한 이권 카르텔의 증거로 오늘 경질을 예의주시할 필요가 있다"

이처럼 전관예우가 난무하면서 '인적 카르텔의 장벽'이 만들어지고 그 안에서 특권을 누리는 계층이 출현한다면 '모든 국민은 '법' 앞에 평등하다'는 우리 헌법상의 자유민주주의 대원칙이 정면으로 부정되는 특권계급이 창설되는 결과로 이어짐을 의미하는 것임.

* 헌법 제11조① 모든 국민은 법 앞에 평등하다. 누구든지

성별·종교 또는 사회적 신분에 의하여 정치적·경제적·사회적·문화적생활의 모든 영역에 있어서 차별을 받지 아니한다.
  ②사회적 특수계급의 제도는 인정되지 아니하며, 어떠한 형태로도 이를 창설할 수 없다.

 동서고금의 역사를 통하여 볼 때 국민을 편 가르기 하는 특권계급이 등장하여 각종 특권 등을 활용하면서 불공정한 방법으로 이권을 추구하고 그들끼리만 상부상조하다가 결국 나라가 망한 사례는 무수히 많음. 특권계급이 국민을 무시하고 저지르는 부패가 아무런 견제도 받지 않고 지속되는 경우 국민의 생활이 크게 어려워질 수 밖에 없음. 중국의 왕조 평균 수명이 2~3백년 정도인 것은 특권층의 대두를 견제하지 못하고 이들의 탐욕을 제어하지 못하면서 착취 대상인 농민들이 황건적의 난, 홍건족의 난 등의 대규모 농민반란을 일으킨 데서 비롯된 것임.

 우리 역사에서도 조선이 일본 제국주의 침략에 저항하지 못하고 망한 것은 결국 특권계급의 발호를 막지 못한 결과로 해석할 수 있음. 일부 소수계층이 자국민을 노예로 삼는 노비 신분제도를 고수하면서 국민을 편 가르기하고는 그들만의 절대적 특권을 추구하다가 절대적으로 부패하면서 생긴 일이라고 할 수 있음. 특권계급의 등장으로 국민이 분열되고 국민통합이 저해되면 나라가 망했다는 이러한 쓰라린 과거의 경험 때문에 1948년 건국

된 대한민국의 헌법 제정권자들은 "'사회적 특수계급 제도'의 불인정 및 창설 금지' 조항을 헌법 제11조에 반영한 것임. 특권계급의 창설을 금지하는 규정을 반영한 것으로 보임.

조선의 뿌리 깊은 신분제도가 실질적으로 붕괴된 것은 1950년 북한 공산주의자들의 남침 전쟁의 결과임. 민족 비극의 전쟁이었지만 박경리 작가의 '토지'라는 소설에서처럼 모든 것이 붕괴된 상황에서 생존을 위하여 모든 사람들을 동일선상에서 출발하게 만드는 뜻하지 않은 효과를 가져왔음. 모든 사람들이 평등하다는 전제가 성립되면서 신분상승을 위하여 노력한 결과가 세계 10위권의 대한민국을 이룩한 중요한 요인 중의 하나인 것임.

그럼에도 대한민국 건국자들의 처음 바램과는 달리 특권계급이라는 망국의 행태가 다시금 재현되는 것은 매우 우려할 일이라고 하겠음. 최근 논란이 되고 있는 전관예우에서 비롯된 '이권 카르텔'이라는 부패 고리의 등장은 실질적인 권력을 장악한 행정부와 사법부 집단이 국민의 적절한 견제를 받지 않고 전관예우를 일삼으면서 점차 특권계급화 되고 있는 것으로 해석할 수 있음. 경제발전에 따라 경제력이 축적된 계층이 더 많은 부를 위하여 전관예우를 적극 활용하고 새롭게 등장한 대형법무법인이 이들의 지원세력이 되는 현상이 벌어지고 있는 것임. 또한 헌법에 규정된 선거제도를 담당하는 조직인 중앙선거관리위원회에서 벌어진 자녀 및 친인척 채용비리는 그들만의 리그를 구성하려는 시도로서 자칫 선거의 공정성을 의심받게 하는 전관범죄의 파생된 형태라고 볼 수 있고 또한 '주권재민'의 헌법 가치를 심각하게 침해할 가능성이 있다고 볼 수 있음.

 우리 사회 모든 영역에서 전관예우를 발판으로 특권계급이 만들어지게 하는 싹을 초기 단계부터 봉쇄해 나가야 하는 것이 과거 조선 망국사에서 찾아낼 수 있는 교훈이자 자유민주주의를 가치로 삼는 우리 헌법을 지키는 일이라고 하겠음.

전관예우 및 범죄의 근절을 위한 꾸준한 노력 필요

 '전관예우'를 방지하기 위한 대책이 수없이 논의되고 제도가 보완되어 왔지만 부당이익을 보겠다는 전관과 이에 동조하는 세력을 실효성 있게 견제하기는 매우 어려운 것이 현실임.

 오히려 '전관예우'가 사그러지기는 커녕 더욱 뿌리 깊게 정착되고 있고 이제는 '이권 카르텔'이라는 '전관범죄'의 공직부패로까지 확산되는 경향을 보이고 있음.

 물론 전관의 복잡다기한 국정운영 경험에서 얻어진 지혜가 사장되지 않고 활용되는 것은 국가적으로 매우 중요한 것은 사실임. 이들의 국정운영에 대한 조언은 매우 귀중하며 한편으로는 정부정책의 수요자인 민간이 수긍하여 정책의 실천가능성을 높이고 개선이 필요한 사항을 피드백시켜 건전한 대안을 제시하는 '대정부 의사전달 통로'가 개설된다는 것은 국정활성화에도 반드시 필요한 것으로 평가할 수 있음.

그러나, 이러한 선의의 순환과정이 특정집단의 이익 실현이라는 수단으로 변질되는 것은 그다지 바람직스럽지는 못하다고 할 수 있음. 특히 대형법무법인이 고액의 수임료를 받는 고객의 이익을 위하여 영입된 영향력 있는 전관을 매개로 정부의 의사결정에 영향을 미치려는 시도는 바람직하지 않음. 물론 사법부의 '전관예우'와 마찬가지이겠지만 고객의 주장이 정당할 경우 문제는 없겠으나 억지에 가까운 주장을 대형법무법인이 과도하게 개입하여 고객에게 유리하게 결론이 나는 경우 자칫 공정성과 부정부패 이슈에 휘말리는 위험이 있음. 또한 국민들에게는 '유전무죄'라는 부정적 인식을 확산시킬 수 있고 소송에 휘말려 재산을 탕진하는 서민들의 억울함만 가중시킬 것임.

전관예우의 본질은 기본적으로 이해상충(conflict)과 불공정에 있음. 공직자의 직무수행과 관련한 사적 이익추구를 금지하여 이해충돌을 방지하고 공정한 직무수행을 하도록 하기 위하여 제정된 「공직자의 이해충돌 방지법」[2022. 5. 19. 시행]의 철저한 준수 및 감독이 필요함. 다만 오랜기간동안 쌓인 불공정관행이 단칼에 정리되기는 어렵다는 현실을 직시하고 '천리 길도 한 걸음부터'라는 자세로 꾸준하게 공직자의 의식을 개혁하고 사적인 이익을 추구하는 행위에 대해 강력하게 단죄하는 등의 과감한 노력이 필요함.

공직자의 '미공개정보 이용행위 금지'를 위하여 「직무상 비밀 등 이용금지조항」을 반영하여 퇴직 3년 이내 전직 공무원을 포함한 공무원 및 공공기관 임직원 등 법 적용 공직자의 대상범위 확대 및 처벌 등을 규정하고 있음. 은행법은 이미 2009년 6월 9일 '비공개정보 누설 등의 금지' 조항(제21조의2)을 신설하여 은행임직원이 정보누설시 형사처벌이 가능하도록 하였는 바 이제라도 공직자들에게 적용하는 것은 다행이라고 하겠음.

다만 법만으로 모든 전관예우가 사라진다고 보기는 어려우므로 공직자가 퇴직 후 전관예우를 받을 가능성이 있는 틈이 있다면 이를 제도적으로 규제해나가는 것이 불가피할 것으로 보임. 가장 논란이 많았던 것은 세무사, 변리사 등의 자격을 공직경력만으로 별도 시험 없이 자동적으로 취득하는 것은 과도한 '공직 프리미엄'이라는 것임. 전관 경력을 제도적으로 합법화시키는 것이며 공직 경력이 없는 사람을 차별한다는 지적에 따라 자동 자격 부여를 폐지하고 시험과목 일부 면제되는 것으로 개선되었지만 그마저도 불공정하다는 불만은 있음. 다만 전관 경력을 활용하려는 세무사, 변리사 등에 대하여는 공직자의 이해충돌방지법이 더욱 엄격하게 적용되도록 할 필요가 있음.

이와는 별개로 정부에서 고위공직을 지낸 인사들이 대형법무법인에 취업하는 것에 대한 국민적 비판이 거세지고 있음을 감안, 이들 법인에의 취업을 자제하는 분위기가 확산될 필요가 있음. 대형법무법인의 주요 영입대상이 고위 법관 및 장관급 공직자임을 감안하면 이들이 퇴직 후에 대법관 출신의 변호사 개업 금지 및 장관급 공직자의 대형법무법인 등에의 취업에 대한 국민적 비판을 활성화시키면서 한편으로는 국민을 위해 봉사하는 명예로운 직책을 배려하는 것도 한 방안이 될 것임.

또한 국세청이 전관특혜로 얻은 고소득에 대한 세금 감시체계를 활성화시킬 필요가 있음. 2020년 2월에 국세청은 불공정 탈세 혐의가 있는 사업자 138명에 대해 전격 세무조사를 실시하면서 고위공직자로 퇴직 후 고액의 수입을 올리면서도 정당한 세부담을 회피하는 변호사, 세무사, 회계사, 변리사, 관세사 등 28명을 '전관특혜 유형'으로 조사대상에 포함시켰다고 발표하였으나 조사 결과는 오리무중 상태라고 하는 데 이를 적극 확대해 나가야 할 것임.

이러한 노력과는 별개로 우리나라의 각종 제도를 글로벌 선진 제도로 꾸준히 탈바꿈시켜 전관에 과도하게 의존할 필요가 없도록 제도의 혁신 노력을 지속시켜야 함. 퇴직 공무원들의 도움이 없어도 사업을 충분히 해 나갈 수 있도록 선진국 수준으로 규제 완화 및 절차의 투명성 확보를 위한 제도 개선에 노력해 나감으로써 전관과 현직이 공모하는 '인적 카르텔'의 폐해가 자연스럽게 없어지게 하여야 할 것임

우리나라는 그동안 각종 옥상옥의 규제를 양산하여 담당 공무원조차도 풀지 못하는 난맥상을 보여왔음. 그러면서도 역대 정

부는 규제를 완화한다면서 정부와 민간 사이의 공공기관을 늘려 퇴직공무원을 위한 자리를 늘리는 행태를 보여왔음. 규제 완화한다는 것이 민간 입장에서는 오히려 절차만 복잡해지고 시간과 비용이 더 소모되는 일이 비일비재하였음. 전관에 대한 예우를 오히려 제도적으로 확대시키는 결과를 초래한 실효성 없는 대책이 양산되는 것을 방지하여야 할 때임. 모든 규제와 세금 제도를 글로벌스탠다드, 경제협력개발기구(OECD) 10개국 평균 수준으로 개선하여야 한다는 주장 (최진식 한국중견기업연합회회장)은 매우 설득력이 있으며 규제를 완화하여 새로운 관련 공공조직을 만드는 것을 철저히 차단하고 공공조직에 대한 정기적 평가를 단행하여 공공조직으로서 수명이 끝난 공공기관들에 대하여는 민영화 또는 조직 정리 등의 조치를 추진하여야 할 것임.

아울러 민간이 자유롭게 중요하면서도 정당한 주장을 할 수 있는 제도적 장치를 마련하는 것이 중요함. 돈이나 권력이 없더라도 행정관청에 자유롭게 개선안을 주장하고 타당성이 인정되면 이를 받아들이도록 하는 제도적 장치가 필요하다는 점에서 단순히 청원 등의 수준을 넘어 이를 대리 해주는 미국식의 '로비스트'제도 가능성도 검토할 필요가 있을 것으로 봄. 이는 이해관계인이 정부 및 사법기관에 대한 건전한 주장을 하도록 허용하는 것으로 현재 대 정부 로비의 상당 부분이 일반 민간이 접근하기 어려운 대형법무법인에 사실상 집중되는 불공평을 개선한다는 의미도 있을 것임.

결어 : 구슬이 서말이라도 꿰어야

　이제 시대발전과 더불어 전관을 내세워 인적 카르텔을 형성하면서 국민의 불신을 유발한 공정성을 상실한 입법 및 사법체계는 수명을 다 했음. 전관범죄 수준까지로 변질된 전관예우를 불식시키는 제도적 개혁은 불가피한 상태임. 국민을 위한 봉사자라는 사명을 저버리고 명예를 실추시키면서까지 부당한 이익에 목을 매는 전관예우의 공직자들의 모습이 사라지도록 하는 다양한 제도 개혁이 실천되도록 국민 모두 노력해야 할 것임.

　무엇보다도 중요한 것은 전관예우가 통하지 않는 투명한 행정체계를 정립하는 것이 중요할 것임. 특정 계층만이 이익을 보지 않도록 공정한 행정체계를 정립하고 다양한 의견을 수렴하여 불만을 최소화하는 제도 마련이 필요할 것임.

　아울러 국민들은 전관의 이익을 보지 않겠다는 의식을 갖도록 노력해 나가야 할 것이며 고위공직자들은 국민을 위한 봉사자로서의 명예를 지키려고 노력하면서 특정계층의 부당한 이익 추구에 도구가 되지 않겠다는 자부심을 갖도록 하여야 할 것임. 또한 현직 공직자들도 전관의 합리적인 주장은 수용하되 비합리적인 주장에는 친절하게 이유를 설명하는 등의 자세가 필요할 것임.

　아무리 다양한 대책이라도 '구슬이 서말이라도 꿰어야 보물'이라는 자세로 꾸준히 실천해 나가는 것이 무엇보다도 중요함.

참조1) 퇴직 공직자(중견)의 법무법인 및 유관기업 이동 급증

아주경제 (2022.3.29.)	• 경실련, 2016년부터 경제부처 재취업 현황 조사 발표 • 2016년부터 최근 5년간 취업심사를 받은 기획재정부, 공정거래위원회, 금융감독원 등 8개 부처 퇴직공무원 588명을 대상 조사 • 취업심사 승인율이 가장 높은 부처는 기재부로 심사 대상자 31명 가운데 30명(96.8%)이 취업을 승인받았다. 이어 △금융감독원 94.6% △산업통상자원부 92.6% △금융위원회 90.9% △공정거래위원회 89.3% 등 • 유명무실한 제도로 변질한 취업제한 제도를 바로잡아야.
연합뉴스 (2022.4.19.)	한덕수 김앤장 연봉 5억… 기재부 출신 일반 전관의 2배 기획재정부에 있다가 김앤장으로 이직한 관료의 지난 2018년 기준 평균 연봉은 2억6천184만원, 2021년 기준으로 이전 5년 동안 기획재정부, 공정위, 금융위, 국세청, 한국은행 등 주요 6개 경제부처에서 김앤장으로 이직한 전관의 수는 41명. 이들이 퇴직할 당시의 평균 연봉은 8천300여만원, 그러나 김앤장으로 이직한 후 이들의 연봉은 평균 2억9천여만원 수준으로 뛰었다.
내일신문 (2022.4.21.)	'김앤장' 고문 기재부, 공정위, 국세청, 금융위 등 퇴직관료 11년만에 149명으로 5배 늘어
경향신문 (2022.6.29.)	전관의 힘?…경제부처 10년간 김앤장 재취업 100명 넘어 (김회재 더불어민주당 의원의 건강보험공단 자료 분석) • 2012년부터 2021년까지 기획재정부 등 경제부처에서 김앤장으로 이직한 가입자는 100명 (금감원 30명, 국세청 24명, 한국은행 17명, 공정위 14명, 기재부 10명, 금융위 5명 순) • 재취업자 100명 평균 연봉은 6707만원 수준에서 2021년 말 (퇴직자는 퇴직 당시) 4.4배인 2억9700만원
인포스탁 데일리 (2022.10.14.)	쿠팡, 고위공무원 '3년간 8명' 재취업…전관예우 도마 위 경찰청 3명, 대통령비서실, 공정위, 국세청, 식약처, 관세청 출신 각각 1명씩
한국NGO 신문 (2023.03.27)	한국은 관피아 세상? 7개 부처 공직자 10명 중 8명 재취업 • 경실련, 관피아 실태조사 결과 발표…7개 정부 부처(교육부·법무부·행안부·농축식부·환경부·노동부·해양수산부)의 2016년부터 2022년 6월까지 퇴직공직자의 취업 분석 • 취업가능 또는 승인결정을 받은 가장 높은 부처 교육부가 91%, 조직 신설 후 퇴직 후 재취업, 관리·감독 대상 민간투자회사 재취업
	* 한국유아교육신문 (2019.10.21.) 사립대 취업한 교육부 퇴직 고위공무원들.."전관예우" : 2019년 10월 현재 교육부 퇴직 공무원 중 사립 4년제 대학에 32명, 사립전문대에 17명이 근무. 이 중 부총장급 이상 12명. 34명이 교수직, 행정직이 3명 * 뉴스1(2020.10.15.) 피감기관인 사립학교에 취업한 시도교육청 퇴직 공무원이 최근 10년간 86명

파이낸셜뉴스 (2023.06.01.)	어제는 공무원, 오늘은 삼성맨, 민간기업행 공직자 넘쳐난다 • 최근 대기업들은 정부의 중간 관료들인 과장·실장급 출신을 실무 임원으로 대거 스카우트하는 경쟁 • 글로벌 환경·에너지 규제로 산업통상자원부, 외교부, 환경부 출신 공직자들이 민간 기업의 우선 영입 대상
서울와이어 (2023.06.02.)	고시 출신 공무원 빨아들이는 대기업… 올해만 벌써 350명 산업부·외교부·환경부 퇴직공직자 출신 선호도 뚜렷 '퇴직공직자 취업심사 결과' 취업승인과 취업가능 판정을 받은 퇴직공직자가 올해만 350명에 달하는 것으로 집계
연합뉴스 (2023.08.01.)	'철근 누락' 아파트 왜 안걸러졌나… LH '전관예우'로 시선 - 최근 5년간 전관업체 9곳과 2천319억 계약

※ 최한수 (한국조세재정연구원) 우리나라의 고위공무원들의 퇴직 관행은 민간의 로비스트로 변신하는 영미권의 관료들과는 다른 측면이 있다. 오히려 한국 관료들의 퇴직 후 재취업패턴을 이해하는 데 참고할 만한 사례는 일본의 '아마쿠다리' 퇴직 후 취업이다. 특징은 첫번째 직업이 공공기관에 몰려 있고 퇴직하는 관료는 금전적 혜택, 남아있는 관료는 승진기회 확대라는 상호이득을 누릴 수 있게 된다. (재정포럼 2016.12, 공무원의 퇴직과 재취업 패턴에 대한 연구 - 경제부처 고위 공무원을 중심으로)

[글쓴이] 장영철

특권폐지국민운동본부 정책위원장. 전 기재부 공공정책국장 전 자산관리공사 사장.

우렁찬 출범식

출범식-홍철기TV

　4월 16일 오후 광화문 동화면세점 앞에서 1천여명이 참석한 가운데 특권폐지국민운동본부 출범식을 갖고 '특권폐지' 깃발을 올렸다.

국회의원 특권폐지 토론회

 5월 24일 오전 국회 의원회관에서 내외 전문가 100 여명이 참석한 가운데 특권폐지운동의 방향과 논리를 정립하는 제1차 토론회를 가졌다.

2부

특권폐지 운동의 실천

특권 폐지에 대한 복잡한 생각

민경우 (특본 공동대표)

특권폐지에서 특권이라 함은 일단은 특정 집단이 부당하게 권한과 부를 독점하여 사회 전체의 발전을 질곡하는 행위라 볼 수 있다. 역사적으로 보면 이를 해결하는 방향과 방식은 두가지로 나눌 수 있다. 하나는 특권 전체를 폐지하여 사회 구성원 모두가 평등하게 살아야 한다는 생각 다른 하나는 부당한 특권을 폐지하고 특별한 성취를 보여주는 자에게 적절한 인센티브와 권한을 부여하여 사회발전을 자극하는 것이다.

논점을 명확히 하자면 양자는 몇가지 관점에서 차이가 난다. 첫째. 전자는 모호한 인간집단, 민중이 중심이고 후자는 근대적 개인, 시민이 주체이다. 둘째. 전자의 목표는 평등 또는 추상적인 인간공동체의 회복이고 후자는 사유재산권의 보장과 같은 구체적인 권리 실현이 중심 주제이다. 셋째. 전자는 다분히 대중항쟁을 통해 혁명적인 방식으로 이를 실현하고 후자는 교육과 언론 활동과 같은 방식을 선호하고 이성과 타협에 기초한 점진적인 실현을 지지한다.

전자는 전통 민중론 또는 사회주의적 경향들에서 이런 생각을 했는데 그런 성향들은 본인들의 주장과 달리 사회적 억압이 심화되고 사회전반이 침체되어 붕괴되기에 이른다. 반면 자본주의는 개인의 창의와 개성이 존중되어 여러 문제에도 불구하고 인류 사회의 주류가 된다. 자본주의의 경우 특권은 폐지해야 할 문제가 아니라 적절히 관리, 통제해야 할 대상인 것이다.

80년대 운동권은 전자의 관점에서 사회를 바꾸고자 하는 판타지에 가까운 생각들을 발전시키고 실행에 옮겼다. 아마도 문재인 정권이 상징직인 존재가 아닐까 싶다. 필자 또한 그 중 일원이었다. 문재인 정권에 대한 의문이 심화되면서 나는 점차 자유주의에 관심을 가지게 되었다.

본 글은 주로 나의 경험을 통해 운동권의 생각과 사상 편력을 돌아보겠다. 그에 기초해 현 상황에 대한 실천적 함의를 도출해 보겠다. 초점은 부당한 특권을 해체하는 두 갈래의 길에 대한 평가이다.

먼저 동학에 대해 생각해 볼 수 있다. 60~70년대 운동권은 동학농민운동에 특별한 의미를 부여했다. '녹두장군 말 달리던 호남 벌판에 황토길 달리며 우리 자랐다~'로 이어지는 농민가는 80년대 중반 무렵 거의 우리의 주제가였다.

동학이 중시되었던 배경은 농민이 중심이었던 점, 무장항쟁, 일제에 맞서 싸우면서 비장하게 쓰러져간 서사 등이다. 동학이 얼마나 근대적이었는가는 확실치 않다. 그럼에도 우리는 거기에 과도한 의미를 부여했다. 동학이 반제반봉건의 기치를 걸고 토지 분배와 같은 근대적 지향을 갖고 있었다는 등의 평가들이 뒤를 이었다.

동학에 대한 우호적인 평가는 80년대 중반 맑스레닌과 같은 급진 사회주의로 발전한다. 사회주의는 사유재산이 철폐되면 평등 사회가 실현될 것으로 봤다. 학생운동 진영에서 맑스레닌의 사회주의가 쉽게 받아질 수 있었던 데는 동학에 대한 평가에서 광범위하게 진행되었던 선행 공정이 있었기 때문이다.

90년대 초반 사회주의가 붕괴하면서 맑스레닌주의는 빠르게 약화되었다. 반면 동학농민운동에 대한 긍정적인 평가는 유지되거나 오히려 확산되었다.

2000년대 이후 제작된 동학에 대한 다양한 묘사와 평가들이 그렇다. 전봉준과 동학에 대한 다큐멘터리들에는 동학을 현대 민주주의의 시원으로 묘사하거나 동학의 인내천이 인간해방을 담은 보편적인 사상인 것처럼 평가한다. 동학을 혁명으로 묘사하는 것도 동학이 농민항쟁을 넘어선 특별한 무엇인가가 있다는 생각 때문이다.

동학에 대한 호의적인 평가는 촛불에 대한 특별한 해석 그리고 문재인 정권에 대한 평가로 이어졌다. 촛불을 혁명으로 규정하고 이를 강조하는 일련의 경향 대부분은 동학농민운동에 대한 평가와 거의 동일한 논리를 구사한다.

요약하자면 기득권 집단과 구분되는 순수한 인간집단이 있었고 이들이 거리 항쟁을 통해 인정과 우애가 넘치는 평등한 사회를 구현했으며 그것을 위해서는 엘리트.제도.간접 민주주의와 구분되는 대중.직접 민주주의가 진행되어야 한다는 점이다.

문재인 정권 또한 촛불을 혁명으로 규정하고 자신이 촛불에서 비롯된 민의의 대변자임을 강조한다. 그것을 넘어 정책과 시행에서도 동학-촛불을 연결하는 흐름과 유사한 경향을 보인다. 통일의 강조, 최저임금제나 부동산 입법, 탈원전 등이 그것이다.

결론을 말한다면 60~70년대 운동권의 민중론이 있었는데 이는 특별히 민중과 평등을 강조했다. 60~70년대의 민중론을 배경으로 80년대 초반에서 90년대 초반까지 보다 명료한 정치적 의미를 갖춘 맑스레닌류의 사회주의를 주장했지만 실패했다. 실패한 후에도 전통적인 민중론이 면면히 살아남아 2000년대 동학-촛불-문재인 정권으로 이어진다.

운동권의 전통 민중론에 대비되는 사상 흐름은 좀처럼 성장하지 않았다. 박정희류의 우파는 경제를 건설하는 하드웨어에 집중했지 사상문화운동에는 적극적이지 않았다. 이병철.정주영과 같은 기업가들도 경제를 발전시키는 데 관심을 기울였지 대중 선전 등에는 관심을 두지 않았다.

80년대 중반 운동권의 민중론은 실패했지만 그들의 문화와 사상은 영화. 드라마. 역사. 교육 현장에서 광범위하게 살아남았다.

드라마나 영화를 보면 예외 없이 부자들은 탐욕스러운 기득권자로 나오고 핍박받는 가난한 자들이 힘을 합쳐 인간미 넘치는 결말을 얻는다는 결론으로 이어진다. 이는 영화. 드라마 제작자. 배우. 시나리오 작가들이 민주화 세대의 영향력 아래에서 성장했기 때문이다

지식인 사회의 도전은 2008년 이명박 정권 출범과 함께 시작된 선진화운동, 뉴라이트운동 등이다. 그러나 이들 흐름은 이어진 민주화 세대의 공세에 밀려 세력을 잃고 주변화된다. 윤석열 정부 출범 이후 새로운 흐름이 조성되기 시작하는데 이를 요약하면 다음과 같다.

첫째. 윤석열 정부의 '반국가 이념'에 대한 강한 경계이다. 윤석열 정부는 한미동맹을 기본으로 '무분별한 남북협력과 친중 성향을 반국가적인 성향'으로 보는 듯 하다. 외교안보 영역의 반국가적 성향은 해전사(해방 전후사의 인식)와 같은 역사해석과 연동된 측면이 있는데 윤석열 정부의 공세는 점차 역사 영역으로 파급될 것으로 보인다.

둘째. 윤석열 정부의 사상 공세의 또 다른 측면은 자유의 강조이다. 자유의 강조와 더불어 주목할 만한 지점은 이승만의 복권 움직임이다.

70년대 박정희 시대는 조선 근대사회의 의미 있는 사조를 개

화파와 동학농민운동으로 봤다. 80년대 운동권의 역사 인식은 동학농민운동을 주류로 보고 개화파를 부정적으로 묘사하는 것이다. 그것은 앞서 말했던 동학농민운동이 갖고 있는 농민주체, 무장항쟁, 반외세 때문이다. 운동권은 동학농민운동이 갖고 있는 그런 특징이 80년대 자신들의 급진주의에 부합한다고 봤다. 거기까지만 했다면 문제가 없었을 것도 같지만 운동권은 여기서 한발 더 나아간다.

개화파 중 일부를 부도덕한 패륜아 또는 친일파와 유사한 인물로 묘사한 것이다. 전자의 대표적인 인물이 이승만이다. 필자 또한 이승만에 대해 공부한 적 있는데 이해하기 어려울 정도로 최소한의 사실조차 부정하고 이승만을 부도덕한 인물로 몰아갔다. 또한 친일파 논쟁을 부각하여 김성수 등을 친일파로 몰고 갔다.

이런 정치공세의 최종적인 목표는 48년 대한민국 정부의 정치적 위상을 깎아내리는 것이었다. 운동권 중 주사파는 그것을 통해 북한의 정통성을 부각하려 했다. 주사파가 약화되면서 그런 목적은 엷어졌지만 지금은 초기 목표와 별도로 꼬리가 몸통을 흔드는 양상으로 발전했다.

이승만의 복권이 갖는 중요한 의미는 조선 근대의 바람직한 조류 중 근대 개화파의 복권을 암시한다. 그리고 근대 개화파의 복권은 전통.단결.집단.정신 대신 근대.계몽.개인.과학의 중시를 의미한다.

만약 우리가 특권 폐지의 경로로 개인의 창의성을 강조하고 그들이 발휘한 사회적 성취에 맞게 인센티브와 적절한 특권을 부여하는 경로를 지지한다면 반드시 이뤄져야 할 역사 재해석 작업이다.

셋째. 보수파 일부에서 직접민주주의를 강조하는 것은 우려할 만 하다. 지금은 좌우 일부에서 정당정치와 의회민주주의 대신 대중의 직접 참여와 기층 조직화를 중시하는 것은 심각한 경향이다. 민주주의는 국민주권과 같은 추상적인 이념에 기초해 있지만 현실에 있어서는 정당이나 의회, 고도로 조직화 된 직능단체.정치집단의 조직화 된 힘에 기초한다. 영미권 민주주의 역사에는 대중의 직접적인 정치참여가 빚어낸 정치적 혼란과 난맥상에 대한 경계와 우려로 가득차 있다.

민중과 민족을 중시했던 좌파의 사상은 급속히 퇴조하고 있다. 특권 폐지의 관점에서 본다면 이들의 세계는 소박하고 원시적인 평등론에 뿌리를 두고 있다. 촛불로 출현한 문재인 정권이 집권 5년 만에 정권을 내줄 수밖에 없었던 것은 원시적인 평등론이 첨단화된 현대 세계와 맞지 않았기 때문이다.

윤석열 정부 출범 이후 보수 진영에서 '자유'를 강조하고 있지만 그것이 얼마나 적실한가는 여전히 미지수이다. 윤석열 정부는 자유를 강조하고 있지만 그것은 자유를 위협했던 과도한 평등사조, 반국가경향에 대한 반대로서의 의미가 강하다. 특권 폐지의 관점에서 보면 각종 카르텔 혁파 의지가 그러하다. 그것이 자유를 부정하는 구 질서, 낙후한 시스템을 파괴하는 행위라면 이후 무엇을 건설할 것인가는 차후의 과제로 남는다. 이 맥락에서 특권 폐지가 진정으로 무엇을 의미하는가에 대한 고민이 있어야 한다.

윤석열 정부와 구분되는 거리 우파들이 있다. 이들 또한 입버릇처럼 스스로를 자유 우파라 칭하지만 5.18 북한군 개입설, 부정선거 주장과 같이 기초적인 사실에서조차 설왕설래하는 집단을 자유우파라 칭하는 것이 옳은지 의문이다.

앞서 제기한 특권 폐지의 2가지 경로를 고려하면 아스팔트 우파는 합리적 개인, 계몽과 지성, 창의와 열정과는 거리가 먼 집단이다. 그들은 누구보다 메시아적 집단성을 중시하고 기층 조직화와 거리투쟁을 중시하며 사회경제적 의제보다는 압도적으로 외교안보.역사 정통성 분야에 집중되어 있다는 점에서 외형적으로 보면 오히려 동학-촛불-문재인 정권으로 이어지는 흐름과 유사한 측면이 있다.

개인의 자유에 튼튼히 기반한 특권 폐지 운동은 갈 길이 멀어 보인다. 유장한 역사의 흐름을 길게 보고 미래를 견인할 사상적 토대를 견고히 할 때이다.

[글쓴이] 민경우
대안연대 상임대표. 전 범민련 남측본부 사무처장

고위공직자가 되기 전에 사람이 되어라

박명호 (특본 공동대표)

요즘 지도층 인사들에게서조차 대화를 통한 타협과 화해보다는 품격을 의심하게 하는 행동을 많이 본다. 우리 사회가 어쩌다가 이 지경까지 이르렀는지 심히 안타깝다. 특히 "배운 사람이 더 하다", "가진 사람이 더하다"라는 이야기마저 나올 정도다.

그러다 보니 '학력보다 인성'이라는 말로 인성을 강조하는 목소리가 높다. 기업이 직원을 뽑을 때도 그렇고, 학교에서 신입생을 선발할 때도 마찬가지다. 주요 선진국의 경우 이미 그러한 방향으로 정착되어 가고 있는 모습이다.

그렇다면 이렇듯 인성을 중시하는 이유는 무엇일까? 무엇보다 인간은 인성을 잘 갖추어야만 자신의 능력을 건전하게 발휘할 수 있고 다른 사람이나 공동체와 잘 어울릴 수 있다는 인식 때문이다. 기업이든 대학이든 능력이 다소 미흡한 사람은 가르침을 통해 변화시킬 수 있지만, 인성이 잘못된 사람은 두고두고 골칫거리가 될 수 있다. 인성은 그 사람의 태도·품성·성격·가치관·신념 등 내면적인 부분으로서 쉽게 변화시키기 어렵다는 것이다.

또 바른 인성의 함양은 디지털 기술 중심의 미래 사회에 대비하는 중요한 방편이 될 것이다. 인류가 인공지능(AI)과 공존해야 하는 상황에서는 공감이나 배려 같은 인성이 인류에게 비교우위를 갖다 줄 것이기 때문이다. 이렇게 보면 인적 자본의 개념도 재정립해야 할 필요가 있다. 인간이 아무리 우수한들 기술적으로 AI를 이기기는 쉽지 않을 것이므로 전문성이나 기술 이외에 바른 인성을 함양하는 일에 더욱 주력해야 한다. 앞서 기업의 채용이나 대학의 신입생 선발에서 보듯이 이제는 인성이 인간의 중요한 자산이 되어가고 있다.

또 하나 중요한 사실은 국민 개개인, 나아가 전 국민의 인성이 바르게 된다면 이는 국가 경쟁력과도 직결된다는 점이다. 이를 뒷받침이라도 하듯 일찍이 미래학자 아널드 토인비는 "인류 역사상 21개의 뛰어난 문명 가운데 19개는 밖으로부터의 정복에 의해서가 아니라 내부로부터의 도덕적 쇠퇴로 인해 소멸했다"고 설파한 바 있다.

사람이란 무엇인가?

이성(理性)은 인간에게 과학적 삶을 권하는 것뿐이 아니라 도덕적 삶도 촉구한다. 인간이나 인생을 운운하기에 앞서, '사람이란 무엇인가'를 따져볼 필요가 있다. 인간 자체를 이해하지 못하면서 인생을 논한다는 것이 무리한 일이 아니겠는가?

사람은 동물계에 속하는 짐승의 일종으로, 학문적 명칭은 호모 사피엔스(Homo sapiens)라고 한다. 오랜 진화의 과정에서 직립자세의 고지를 점령한 유일한 동물이다. 침팬지가 아무리 영리해도 사람처럼 서서 걸어 다니지는 못한다. 그래서 사람을 일컬어 '만물의 영장'이라고도 한다. 거북이처럼 오래 살지는 못하지만 21세기에 접어들어서는 능히 80은 살 수 있다는 고급·장수 동물이다. 먹지 않고는 못 산다. 먹을 것 때문에 다투는 것은 인간이 동물이기 때문이다.

　사람을 비롯한 모든 동물은 '개체유지' 본능과 '종족유지' 본능이 있다. 즉, 먹고 살아가야 하는 본능과 성기능을 이용한 자식을 낳고자 하는 본능이 그것이다. 그러나 인간을 동물로만 간주하면 안 된다. 인간은 본능만 가지고는 살지 못한다. '본능 플러스'가 인간이다. 그 '플러스'가 무엇인가? 그것을 이성(reason)이라고 하는데 이걸 가꾸지 않으면 사람은 사람답게 살지 못한다. 짐승의 영역을 벗어날 수 없다는 말이다. 이성은 인간에게 과학적 삶을 권하는 것뿐이 아니라 도덕적 삶도 촉구하고 있다. 도덕은 인간의 행복을 위해 필요·불가결의 덕목이다. 도덕이니 윤리니 하는 것도 따지고 보면 간단한 것이다. 우리들의 삶과 우리들의 가정을, 조직을, 사회를, 더 나아가 국가를 지탱하는 기둥이다. 실질적으로 말하면 우리는 사람다운 삶을 누리고, 살기 좋은 세상을 만들기 위해, 오늘도 거짓말은 하지 않아야 되고, 오늘도 이웃을 사랑하도록 힘써야 할 것이다.

인성의 현주소

그렇다면 사람다움의 주소, 우리나라 인성의 현주소는 어떤가? 우리나라는 세계가 주목할 만큼 경제 발전과 민주화를 동시에 이룩했지만, 사람다움, 인성 발달은 그에 따르지 못한다는 견해가 지배적이다. 학생들은 초등학생부터 아니 유치원부터 대학 입시에 필요한 내신 성적을 잘 받기 위해 친구들을 경쟁 관계로 인식하다 보니 협력이나 교우 관계를 중요하게 생각하지 못했다. 나만 잘되기 위한 이기주의가 팽배하고 있다. 물질적 풍요와 사회적 출세가 최고의 선으로 치부되고 사람이라면 당연히 지녀야 할 '우애·협력·염치·배려' 같은 소중한 가치를 잃어버린 채 사회적 병리 현상을 불러온 셈이다. 그 결과 우리 사회에 갈등과 반목이 만연하고 세계적으로 높은 자살률을 자초한 것은 아닐까?

바른 인성은 교통법규와도 같아 그것을 무시하게 되면 자신은 물론 타인마저 불행하게 만들 위험이 있다. 자유주의 경제학자 애덤 스미스는 『국부론』에 앞서 출간한 『도덕감정론』에서 '공존과 공감대'를 강조했다. "최고의 머리에서 최고의 가슴으로(the best head to the best heart)"라는 말을 남긴 그는 "자유에 따르는 가장 큰 위험은 도덕적 의미를 망각하는 것"이라며 사람들이 이타적인 참된 감정에 기초한 도덕성 배양에 힘쓸 것을 촉구

했다. 지나친 자유는 자칫 인간의 이기심만 조장할 수 있는 만큼 배려와 존중, 그리고 '노블레스 오블리주(Noblesse Oblige)' 실천이 중요하다고 강조했다. 그중에서도 고위공직자들의 솔선수범이 반드시 필요한 때이다.

나부터 본이 되는 행동 보여야

21세기를 사는 우리는 이제 경제 발전 과정에서 잃어버린 소중한 가치를 회복하는 인성 함양에 힘써야 할 때다. 학습과 습관으로 인성을 기르는 일이 쉬운 일은 결코 아니다. 그러므로 인성 교육은 가정이나 학교라는 특정한 공간이나 특정 교과에 국한할 일이 아니다. 삶이 이어지는 모든 시간과 삶이 펼쳐지는 모든 공간을 망라해서 노력을 기울여야 할 과제다.

특히 21세기엔 사람들이 남에게서 '듣고' 배우는 것이 아니라 남이 하는 행동을 '보고' 배우는 만큼 부모로서, 선배로서, 상사로서 솔선수범해야 한다는 점이 더욱 어렵다. 나만이라도, 나부터라도 본이 되는 행동을 보임으로써 이 사회의 갈등과 반목을 줄이고 타협과 화해가 늘어나는 사회가 되기를 소망한다. 한 사람 한 사람의 바른 인성 함양이 국민 개개인은 물론 국가 차원의 경쟁력 배양으로 이어져 우리나라가 세계 속의 자랑스러운 대한민국으로 발돋움하기를 꿈꾼다.

충고 아닌 솔선수범이 인성 교육에 효과적

1차 경제개발 5개년 계획(1962~66)을 시작할 무렵 우리나라의 1인당 국민소득은 100달러에도 미치지 못할 정도로 가난했다. 매년 5~6월이면 가을에 수확한 쌀은 바닥났는데 양식은 떨어지고, 보리는 아직 여물지 않아 끼니를 해결하지 못하던 보릿고개가 있었다. 73년에야 1인당 국민소득이 년간 300달러대를 돌파하여 빈곤선을 넘겼다. 77년에 1000달러를 넘어서고 1994년에 1만 달러를 넘고 2017년에는 3만 달러 수준에 이르러 이제는 다이어트에 신경 쓸 정도가 되었다. 이 같은 밝은 면의 뒤안길에는 안타까운 현실도 있다. 2003년 이후 우리나라의 자살률은 인구 10만 명당 25명 수준으로 경제협력개발기구(OECD) 37개 회원국 중 가장 높다. 특히 노인 자살률은 인구 10만 명당 58명 수준으로 세계 최악이다.

이제는 경제 발전 과정에서 잃어버린 인성 함양에 힘써야 할 때이다. 다음 세대에게 전문적 지식과 함께 인성을 가르칠 때다. 과거 우리가 소중하게 여기던 효도·우애·염치·배려 같은 가치를 회복하자. 그렇게 해야만 물질 만능의 사고에서 탈피하고 건강한 자유시장경제를 꿈꿀 수 있다.

공감·배려가 인간의 비교우위

나는 65세가 되어 서울특별시에서 어르신 교통카드를 받을 때 이 사회에 '짐 되는 노인이 아니라 도움 주는 어르신'이 되라는 충고로 받아들였다. 오죽하면 영국에서 발간되는 주간지 이코노미스트는 '꼰대(kkondae)'라는 우리말을 소개하면서 나이가 많다는 이유로 "젊은이의 옷차림이나 애정 생활에 청하지도 않은 충고를 하는 사람"이라고 설명했겠는가? 이럴진대 고위공직자들, 어른의 솔선수범이 최선의 인성 교육이다. 자식에게 효도를 가르치고 싶으면 부모에게 효도하는 모습을 보여주고, 우애를 가르치려면 자신부터 형제자매와 잘 지내면 된다. 자유롭고 정의로운 사회를 만들고 싶다면 지도층 인사부터 경우에 어긋나거나 염치없는 처신을 삼가면 될 일이다. 이제 AI시대를 맞이하고 있다. AI시대에 인성이 경쟁력이 되어야 한다고 주장하고 싶다.

고위공직자가 솔선수범, 사람다워야 한다.

요즘 신문이나 방송, 유튜브 등 각종 매체에서 흔히 볼 수 있는 것이 국회의원 등 고위공직자들의 행동이 도저히 '사람'이라면 당연시되어왔던 인성 내지는 인격에 치명적이라는 소식을 많이 접할 수 있다. '특권폐지국민운동본부'가 활발하게 활동하고 있는 것도 이와 같은 맥락에서 볼 때 사회적으로, 또는 국가적으로 볼 때 사람다운 행동이나 생각을 하지 않는 데 기인되고 있는 것이라고 본다. 고위공직자가 누구인가? 우리의 지도층, 리더들이 아닌가! 그러기에 고위공직자가 되는 길은 험난하기까지 하다고 한다.

　그만큼 고위공직자들에게 요구되는 덕목은 위임받은 권한을 사익 추구에 이용해서는 안 되며 또 주인인 나라, 국민들에 대한 불충성이라는 욕망에 빠지지 않고 언제나 봉사하도록 부름을 받았다는 사실을 잊지 말아야 할 것이다. 민주공화국에서 '통치하는 것은 섬기는 것'을 의미한다. 결국 '권력에 대한 사욕'과 '국민에 불충실함'이 고위공직자가 일반 시민들의 진정한 공복이 되는 것을 방해하는 두 가지 커다란 장애물인 것이다. 고위공직자처럼 권력을 가진 자는 항상 그 권력 위에서 자신을 낮춰야 함에도 오히려 주어진 권력 위에서 춤을 춘다. 본인이 걸어야 할 길이 국민을 위한 길임을 잊고 잠시 누가 주군인지를 헷갈려 한다.

　대의민주주의하에서 모든 개인은 자유롭고 평등하다고 간주된다. 이러한 이유로 대의민주주의하에서 '특권'이라는 말 자체에 대한 거부감은 상당히 크다. 무슨 이유로 특정 개인이 특권을 가져야 하는가에 대한 반감이 존재하기 때문이다. 이런 상황에서 특히 국회의원을 비롯한 면책특권의 제한과 폐지를 요구하는 여론이 봇물처럼 터져 나오고 있다. 특권이라는 말에 대한 거부감이 존재하고, 고위공직자들과 정치인들에 대한 불신과 반감이 높다는 점을 고려하면 충분히 이해가 되는 부분이다. 먼저 그들이 사람다워지기를 간절히 충고해 준다. 이와 함께 고위공직자가 되기 전에 먼저 참 사람이 되어야 한다고 주장한다.

논어의 진정한 의미

장자가 말하는 진인(眞人), 즉 진실한 사람은 참된 사람이고 위대한 개인이다. 장자는 "참된 사람이 있고 난 다음에 참된 지식이 있다"고 말하였다. 이를 원문으로 말하면, 유진인 이후유진지(有眞人 而後有眞知)이다. 그러니 참된 사람이 되려고 해야 한다. 왜냐하면 사람이 달라지면 세계를 보는 눈이 달라지고, 세계를 보는 눈이 달라지면, 삶에 대한 관점도 달라지며, 그에 따라 사람의 태도도 달라지기 때문이다.

〈논어〉에서 공자는 "행하고도 남은 힘이 있으면, 그때 학문을 닦아라(행위여력 즉이학문 行有餘力, 則以學問)"고 말했다. 유교의 핵심 덕목인 인의여지(仁義叡智)는 그 핵심이 인(仁)이다. 사랑이 모든 덕목을 아우르는 것이다. 그래서 공부도 인, 의, 예, 지 순으로 하는 것이다. 맨 마지막이 지(智)로, 인의예를 근본으로 한 이후에 배움을 더해야 진정한 학문이 된다고 본다.

이제 알겠다. 〈논어〉의 학이편을 더 읽어야 한다. "공부하는 사람은 집에 들어와서는 아버지를 섬기고, 집 밖으로 나가서는 어른을 공경하며, 말과 행동을 삼가고 신의를 지키며, 널리 사람을 사랑하고 인한 사람과 친하게 지내되, 이런 몸가짐을 행하고도 남은 힘이 있으면 그때 학문을 닦아라"가 전문이다. 그러니까 학문을 하기에 앞서 해야 할 일은 무엇보다 사람됨의 근본을 실천하는 것이다. 그건 사랑의 마음을 가득 갖는 일이다.

인문학이 필요한 이유

요즈음 우리 사회의 시대정신으로 사법 개혁을 요구하는 주장들이 많다. 소위 고시라는 것이 우리 사회의 사람됨을 망쳤다고 나는 본다. 자신들의 집단 이기주의에 빠져, 정의감을 잃고 있다. 공부 이전에 사람이 되는 인성 교육이 절대 필요하다. 오늘날 우리들의 모습은 출세를 위한 공부를 최우선으로 한다. 지나치게 치열한 경쟁사회가 낳은 산물이다. 치열한 경쟁에서 이기려면 반드시 지식이라는 무기가 있어야 한다는 것은 인정한다. 다만 먼저 사람됨의 근본을 세우라는 권유이다. 지식을 쌓는 공부를 아예 하지 말라는 이야기가 아니다.

인문학이 필요하다. 인문학은 인간에 대한 자각, 아니 사람됨의 깨달음을 연구하는 학문이다. 현대 경쟁 사회에서 우리의 모든 활동을 지배하고 있는 삶의 작동 기제가 '더 높이, 더 빨리, 더 멀리'이다. 올림픽에서 외치는 것처럼. 사람들은 더 높은 자리를 찾거나, 더 높은 성공의 열차에 타려고 발버둥 친다. 과학기술도 기하급수적인 속도로 빨라지고 있다. 기업들은 더 먼 데까지 새 물건을 갖고 달려가기 위해 경쟁한다. 이런 세상에서 필요한 것이 인문정신이다.

인문정신은 올림픽 정신과 그 반대에 있다. "더 낮게, 더 느리게, 더 가까이" 세상과 사람들에게 다가가려고 하는 노력이다. 그러니까 인문정신은 소외된 자리를 향하는 연민의 마음으로 낮은 곳을 바라보는 일이고, 느긋하게 자신을 관조하고 성찰하는 일이고, 세계와 사람들에게 더 가까이 다가가 관계를 더욱 풍성하게 하는 친화력이다. 이런 인문정신이 사회에 바탕으로 깔려 있어야 선진 사회가 된다. 그러니까 선진사회는 선진문화가 뒷받침되어야 하고, 선진문화는 인문정신이 밑에 배어 있어야 한다. 산업화니 민주화는 선진사회를 위한 전제일 뿐, 그 자체가 목적은 아니다.

다시 한 번, 이 시점에서 우리에게 필요한 인문 정신은

- 소외된 자리를 향하고 낮은 곳을 바라보는 연민(憐憫)의 마음,
- 느긋하게 자신을 관조하고 성찰하는 여유(餘裕)의 마음,
- 세계와 사람들에게 더 가까이 다가가 관계를 더욱 풍성하게 하는 공감(共感)의 마음이다.

시장경제, 자본주의 체제에서 재화(돈)의 가치관은 이미 사람을 돈의 노예로 전락시키고 있다. 즉, 인간존중, 인간의 가치관 등이 재화의 절대가치 속에 숨을 죽이고 있는 현실인 것이다. 환자가, 교인들이, 피고와 원고가 다 돈으로만 보이는 기현상들이다. 미국의 세일즈문화는 이미 우리 눈에 익숙해져 있다. 케네디 대통령 때 어렵게 달나라에 갔지만 자기들이 타고 온 우주선을 달나라 사람들에게 팔고 가려고 'FOR SALE' 간판을 붙여 놓

은 사진을 보았다. 봉이 김선달도 대동강 물을 팔았고 가룟유다는 예수를 팔아 부동산 투기까지 하였다. 바리새인들도 돈만 된다면 경건까지도 팔았고 또 어떤 제자는 돈으로 성령까지 사려고 했다.

예수도 그의 제자들에게 "먼저 인간이 되어라. 그리고 사람을 낚는 어부가 돼라"고 했다. 그러나 제자들은 예수가 유대의 왕이 되면 나는 좌의정, 너는 우의정 되려고 자리싸움도 서슴없이 감행했던 것이다. 기독교의 성령운동도 그렇다. 할렐루야! 아멘! 외치며 예수가 제일 싫어하는 감상주의, 형식주의에만 도취할 것이 아니라 우리 조상 평양성령운동 때처럼, 미워하는 사람, 손해 끼친 사람 찾아가 손잡는 운동 즉, 인간관계 회복의 운동을 해야 한다. 한국이 6만이 넘는 세계 최대의 교회를 자랑하지만 사회는 왜 이리도 변하지 않는가 라는 지적도 따져보면 한국교회가 '성령의 이해' 부재 때문인 것이다. 교회 안에서는 성령 불받고 경건한 교인이지만 교회 밖에서는 여전히 부패상을 연출하는 관행 때문이다. 영혼구원이란 편리한 명분 아래 사후 천당 가는 설교만 해서인지 한국이 세계 제1위 자살공화국이 된 것도 사실 아이러니한 일이 아닐 수 없다.

실존철학의 대 명제와 같은 말 즉, 우리말에 '사람이 되어라'는 말도 사람은 자기의 삶의 환경과의 대결을 통해서 스스로를 형성하는 유일한 존재임을 말한다. 서기관과 바리새파 사람들이 결국 예수로부터 '독사의 자식들아'란 농도 짙은 꾸중을 들을 수

밖에 없었던 것도, 끝내 회개하지 않고 인간 되기를 거부하였기 때문이다.

"리더여, 먼저 부끄러움을 아는 '사람'이 되어라!"

초등학생 때 다녔던 태권도장의 슬로건은 '먼저 사람이 되어라'였다. 이소룡과 성룡이 나오는 무술영화를 보면, 고수들이 제자들에게 무술을 가르치기 전 고생만 시킨다. '먼저 사람이 되라'는 얘기다. 젊었을 때는 사람이 되라는 말에 대해서 '긍정'은 했지만 '공감'은 하지 못했다. 하지만 지금은 이 말이 무슨 말인지 절실히 깨닫게 되었다. 사람이 되기 전에 '힘'을 가지면, '괴물'이 될 수 있다는 이야기다.

[글쓴이] 박명호
現 (사)한국장애인기업진흥회 명예회장
현대악기제조(주) 대표이사 (사)한국지체장애인협회 이사
(사)한국장애인고용안정협회 중앙회장
(사)한국장애인케어협회 중앙회장

특권은 대한민국 교육에도 살아있다

박소영 (특본 공동대표)

민주화운동이 벼슬이 된 세상

2020년 인터넷 커뮤니티 등에서 "연세대 기회균형 전형이 민주화 운동 인사 자녀 특혜 전형 아니냐"는 소문이 많았다. 그런데 그것이 소문만은 아니었다. 국회 교육위원회 소속 국민의힘 A 의원이 교육부로부터 받은 자료에 의하면 2016학년도부터 2020학년도까지 '민주화운동 관련자' 전형으로 대학에 입학한 학생은 98명.

학교별로 보면 연세대가 30명으로 가장 많고, 전남대 21명, 고려대 3명, 아주대 3명 등이다. 같은 당 같은 상임위의 B 의원실 자료에 의하면 이화여대도 2013~2014년 이 전형으로 10명이 합격했다고 한다.

이를 두고 이명박, 박근혜 정권 때도 이 전형으로 합격한 학생이 있었는데 이제와서 거론하는 것은 과도한 정치 공세라고 말하는 언론도 있는데, 이야말로 본질을 왜곡하고 진영의 프레임으로 몰아가려는 악의적 해석이다. 어느 정권인지를 떠나 기회균형 전형에 '민주화운동 관련자' 전형을 포함시킨 것은 치열하게 입시를 준비해 온 학부모와 학생들에게는 도저히 납득이 가지 않는 또 다른 특혜로 보일 수 있다. 그렇기 때문에 이러한 전형으로 수년간 학생을 선발해왔다면 그 합격자가 누구인지 그리고 누구의 자녀인지 떳떳하게 밝혀야 한다. 밝히지 못한다면 국민적 의혹은 증폭될 것이다.

더 정확히 말하면 2015년, 2016년까지는 민주화운동 관련자 전형의 경우 합격 기준이 일반학생 보다 낮아 특혜 논란이 있긴 했지만 그래도 최저학력 기준은 있었다. 그런데 2017년부터는 본인에 대한 최저학력 기준이 사라졌고, 2018년부터는 그 치열한 의·치대에 대한 입학문도 열렸다. 심지어 2020년에는 본인, 자녀 모두 수능성적 없이 서류와 면접만으로 입학이 가능해졌다. 특히 2020년에는 사회 배려자 자녀 몫으로 치의예과에서 1명을 뽑았는데, 그 자리를 꿰찬 사람이 민주화운동 관련자 자녀였다. 즉 문재인 정권에 들어서 그 합격자 수도 증가하고, 합격 기준도 완화된 것은 사실이라는 것이다.

이 전형이 더욱 문제가 되는 것은 '민주화운동 관련자' 전형의 기준이 애매하다는 것이다. 도대체 우리 사회에서 '민주화운동 관련자'가 어떤 사람이란 말이냐는 것이다.

최근에 대구, 경북 교육감을 제외한 15개 시도교육청 교육감은 전교조 소속 해직 교원을 대상으로 하는 '민주화운동 관련 교원의 원상회복을 위한 특별법 제정' 촉구 결의문을 발표하겠다고 했다. 이미 서울시교육청은 '민주화운동 관련자 명예회복·보상심의위원회에서 인정받은 사람'이라며 5명을 '맞춤형 특별 전형'으로 교직에 특채[5] 했는데, 이중 2명은 2008년 교육감 선거에 개입한 혐의로 유죄판결을 받은 전교조 출신이고, 2명은 전교조 활동이력 등으로 민주화 판정을 받은 이들이었다.

이런 이유라면 이들의 자녀도 민주화운동 관련자 전형으로 대학에 지원이 가능해진다는 말인데, 이에 대해 국민들이 어떻게 생각할지 의문이다.

올해도 어김없이 입시의 철은 돌아온다. 입시를 준비하는 수험생과 수험생 가족들에겐 민주화운동 관련자 전형과 같은 전형은 또 다른 특정 계층의 특혜로 보일 것이다.

2022학년도 연세대 수시모집 요강을 보면 5.18민주유공자 전형이 포함된 기회균형Ⅰ은 80명, 민주화운동 관련자 전형이 포함된 기회균형Ⅱ는 30명으로 총 선발 인원은 모두 110명으로 2021학년도에 비해 더 늘어났다. 정시에서 근소한 점수 차이로 당락이 결정되는 수험생들에게는 꿈같은 전형이며, 이 전형으로 단 1명이라도 부정입학이 가능하다고 한다면 당연히 분노할 만한 전형이다. 기회균형 전형은 국가보훈대상자 자녀, 국민기초생활수급자 자녀, 한 부모가족, 농어촌학생, 오지경험이 있는 선교사와 교역자 자녀 등이 지원할 수 있는 전형이다. 여기에 5.18 관련 유공자와 민주화운동 관련자가 추가된다. 어쩌면 민주화운

---

5 서울시교육청, 전교조 퇴직교사 등 5명 특채 [매일경제] 2019.01.04

동 관련자 전형은 그 합격자가 누구냐에 따라서 마땅히 기회균형 전형으로 선발되어야 할 다른 대상자들의 기회를 빼앗는 전형이 될지도 모른다.

연세대학교는 영관·장성급 장교와 간부급 공직자 자녀가 대거 몰려 약자 보호라는 전형 취지가 훼손될 수 있다는 이유로 2012학년도부터 사회적 배려 전형의 지원 자격 중에서 직업군인과 벽·오지 근무 공무원 자녀를 제외한 적이 있다. 같은 이유로 현재 시행 중인 민주화운동 관련 기회균형 선발에서도 고위공직자 자녀가 대거 몰려 약자 보호라는 전형 취지가 훼손될 가능성은 없는지 살펴봐야 한다. 소위 운동권 출신이 대거 정계에 진출해 있는 작금의 상황에서 이러한 전형을 이용할 소지는 충분하기 때문이다.

이러한 이유로 더더욱 민주화운동 관련 전형의 엄격한 합격자 기준과 합격자의 명단 공개가 필요하다고 하는 것이다. 만약 합격자 중에 조국 전 장관의 자녀와 같은 기득권의 자녀가 포함되어 있다면 이 또한 대한민국을 또다시 불신의 사회로 몰아넣을 수 있기 때문이다.

조국 자녀의 입시비리
추미애 아들의 황제 휴가, 전형적인 특권

2019년 법무부 장관 인사청문회 과정에서 불거진 조국 자녀의 기상천외한 입시 과정은 많은 학부모와 학생들을 분노하게 만들었다. 결국 부인 정경심은 허위스펙을 위조한 혐의로 대법원 최종 판결에서 4년 형을 선고받고 현재 복역 중이고, 조국도 3년이 넘게 걸린 1심 재판에서 유죄판결을 받았다. 숙명여고 쌍둥이 아버지는 교무부장이라는 특권을 이용해 부정을 저질렀고, 조국도 정경심도 자신들의 지위를 이용해 표창장을 위조하고 허위 스펙을 만드는데 최선을 다했다.

추미애 아들 황제 휴가 논란은 또 어떤가.

당시 추미애 법무부 장관의 아들이 휴가 후 군대에 미 복귀했다는 증언이 나오면서 이것이 탈영이냐 아니냐 하는 논란으로 몇 개월째 온 나라가 떠들썩했다.

사건을 제대로 수사해서 진상을 밝히면 될 일인데 추미애 장관의 보좌관이 군에 전화를 했다는 녹취록마저 나온 상황에서 '전화를 했다' '안 했다' 는 공방으로 국민들의 분노만 커졌다. 전직도 아닌 현직 법무부장관의 아들 수사가 제대로 될 것이라고 믿는 국민은 대한민국에 없을 것이다. 그만큼 공정하고 투명한 사회라고 생각하지 않기 때문이다.

시간이 지날수록 국민적 의혹은 더 커지고 수사는 아예 제대로 진행조차 이루어지지 않았다. 수사를 담당했던 검사는 사직서를 제출하고 수사를 뭉갠 검사는 영전하는 웃지 못 할 일까지 벌어졌으니, 청년들 사이에서 '추미애 장관의 아들로 태어나야겠다.'

'추미애 장관을 엄마로 두고 싶다'는 말이 돌고 도는 것이 너무도 당연했다.

그 와중에 추미애 전 장관은 '아들은 건드리지 말라' '소설을 쓰시네' 라며 지켜보는 국민들을 더 어이없게 만들었다.

엄마들을 더 분노하게 만든 것은 전화로 휴가 연장이 가능하다는 국방부의 발표였다.

뉘 집 아들은 큰 수술을 받기 위해 병가를 냈다가 '계속 치료를 받아야 하니 군대에 병가 연장을 할 수 있도록 서류를 준비해 주겠다.'는 의료진의 엄중한 소견도 병가 연장에 아무 도움이 안 됐다. 또 뉘 집 아들은 휴가 연장은 직접 군에 들어와 해야 한다는 원칙을 지키기 위해 아픈 몸을 이끌고 군에 직접 가서 개인 휴가 며칠을 더 받아 왔다.

군에서 취사병으로 근무하다 다친 손가락을 제대로 치료받지 못해 6개월간 계속 통증을 호소하던 또 다른 뉘 집 아들은 정기 휴가라도 받아보려고 엄마가 중대장에게 전화했다가 거절당했다.

이 엄마들 모두 추미애 전 장관 아들의 전화 휴가 연장이 가능하다고 답변한 국방부의 발표에 몹시 분노했다.

이렇듯 특권은 정도의 차이만 있을 뿐 우리 사회 곳곳에서 많은 국민의 마음을 아프게 하고 있다.

**우리 사회는 이미 도덕성 투명성에 대한 신뢰를 잃은 상태...
각종 혜택 악용의 소지 있어...**

    2020년 더불어민주당이 발의했던 '민주유공자 예우에 관한 법률안'은 더 황당하고 기가 막혔다.
    입시에서의 특별 전형도 모자라 민주화운동을 하다가 죽거나 다친 이들의 자녀에게 취업, 의료, 금융 지원 등 각종 혜택을 주겠다는 것이었다. '민주화운동에 참여했던' 이란 기준이 도대체 무엇이란 말인가. 특권층을 비판하고 우리 사회의 불공정을 해소해야 한다고 외쳐왔던 민주화 세력. 그랬던 민주화 세력이 정권을 잡고, 우리 사회의 기득권이 되어 국민들에게 보여준 모습이라고는 '온갖 편법으로 자기 자식 좋은 대학 보내기' '자기 자식의 황제 휴가 특혜 인정 안 하기' '자기들 정권 유지를 위해 각계각층을 분열시켜 지지층 다지기' '온갖 법안 남발하여 자기편 챙기기'와 같은 짓만 보여주었다. 즉 민주화 세력인 자신들이 자기 스스로 보상하기 바빴다. 이들이 과연 이러한 법안을 만들 자격이 있단 말인가.
    이미 우리 사회는 기득권의 도덕성을 신뢰하지 않는다. 누군가는 부모 덕에, 누군가는 제도의 허점을 악용해 온갖 혜택을 누리고 있다고 의심한다.
    대학에서 '기회균등전형'을 만든 것은 우리 사회가 건강하게 성장하기 위해 먹고 사는 문제로도 버거운 사회적 약자나 취약

계층에게 기회라도 균등하게 제공하자는 취지로 만들어진 전형이지 부모 찬스나 지인 찬스를 이용하라는 전형이 아니다. 단순히 유공자 인정으로 끝나는 것이 아니라 사회에서 입시와 취업 등 각종 혜택을 받고 있기 때문에 더더욱 이에 해당되는 사람의 기준과 범위를 명확히 해야 한다는 것이다. 만약 계속 이러한 법을 만들어 실행하겠다고 한다면 5·18 민주유공자와 민주화운동 관련자를 모두 공개해야 할 것이다. 혹시라도 그 혜택을 받아야 할 사람이 못 받거나 또는 누군가 가로챌 수도 있기 때문이다.

조국 전 장관의 자녀 입시비리 의혹 문제에서 봤듯이 입시는 그 어떤 선발과정보다 더 공정성과 투명성을 요구한다. 그런데 그 기준과 범위도 애매한 민주화운동 관련자들에게 이대로 입시 특혜를 주는 것이 괜찮은 것인지. 이는 우리 사회가 또 다른 특권층을 만들어 특혜를 남발하게 만드는 것은 아닌지 깊이 고민해봐야 한다. 어떠한 조건 속에서도 성실히 입시를 준비하고 있는 수험생들과 기회균등전형의 사각지대에 있는 사회적 약자들에겐 또 다른 역차별이 될 수 있기 때문이다.

민주화 세력! 이제 기득권이 되어 특권과 반칙이 상식을 이기는 나라를 만들다

'왕년에 민주화운동 안 해본 사람이 있냐'고 할 정도로 우리 사회는 민주화 진통을 많은 사람이 함께 겪어왔다. 그런데 특권

과 반칙 없는 세상을 만들겠다던 그 민주화 세력이 이제 기득권이 되어 특권과 반칙이 상식을 이기는 나라를 만들고 있다.

특권과 반칙을 비판하던 본인들조차 40년이 지난 지금 민주화 정신은 새까맣게 잊어버린 채 온갖 부정과 비리로 얼룩져 있는데, 그들이 주체가 되어 우리 사회에 또 다른 현대판 음서제를 만들려고 하고 있다. 우리가 이 상황을 그냥 두고 본다면 우리는 다음 세대에게 편법과 불공정을 대물림하게 될 것이다. 지금이 바로 특권과 반칙을 없애고 불공정의 고리를 끊어낼 절호의 기회라는 것을 잊지 말아야 한다.

[글쓴이] 박소영
국가교육위원회 위원. 행동하는자유시민 상임대표.
자유민주교육국민연합 상임공동대표.
교육바로세우기운동본부 대표

특권폐지 운동과 인간 평등

박 현 (특본 전략위원장)

　인류는 지금 수명이 다한 이분주의 문명의 끝에서 인류가 지금까지 겪어왔던 경험세계와는 전혀 차원이 다른 새로운 문명탄생의 여명기를 맞고 있다.
　그러나 남북의 위정자들은 거대한 문명의 변화의 물결에 대한 대비책 마련은 뒤로 한 채 기존의 특권 체제 유지만을 위한 와각지쟁에 여념이 없다.
　각 정파들 또한 그들만의 특권 향유를 위해 나라 전체를 적과 동지로 편을 갈라 끝없는 이권 투쟁으로 진영 간 갈등이 심화 되면서 사회는 증오 문화의 확산으로 무도하고 타락한 범죄가 만연한 몰가치적 야만 사회로 전락하고 있다.
　하지만 '절망 속에 신호가 있다'고 대한민국이 재흥할 수 있는 한 줄기 빛이 보이고 있다. 사회적 모순 해결의 새로운 대안을 제시하며 출연한 특본 세력의 등장이다.

특권폐지 운동은 인간평등 운동이다.

숨 막힐 듯한 한국 정치사회에 일진 양풍의 신선한 바람이 불어왔다. 2023년 4월 16일, 수도 서울 장안에 주황색 물결이 출렁이며 특권 폐지의 깃발이 올랐다. 민주주의의 성숙화는 조건의 평등화와 동질화이다. 어떠한 법도 특권을 부여하지 않는다.

방탄 국회에 염증을 느껴오던 시민들은 마침내 "불의가 법이 될 때 저항은 의무가 된다"는 토머스 제퍼슨의 정의에 따라 현재악을 제거하기 위해 저항권을 발동해 궐기한 것이다.

"세상의 환난은 소유의 적고 많음에서 나오는 것이 아니라 균등하지 못함에 있다"는 공자님의 말씀이나, "자본주의의 고질적 폐해는 풍요의 불평등한 분배이고, 사회주의의 태생적 미덕은 가난의 평등한 분배이다"라는 처칠의 말을 생각하면, 고대의 인물이나 현대의 인물이나 사회 부조리의 근원을 진단하는 시각은 똑같다. 왜 법의 적용이 정치인에게 다르고 서민에게 다르단 말인가. 이를 본 장기표 선생은 "사람은 불의를 보면 분노할 줄 알아야 한다"며 국민의 분노를 외치고 있다.

오늘 21세기 특본의 특권폐지 운동은, 18세기 프랑스 대혁명의 이념인 '만민 평등 사상'을 재선포하는 것이며, 법률 앞의 평등에 그쳤을 뿐 역사 속에서 아직도 실현되지 못한 '인간 평등'을 오늘의 현실 세계에서 완성해 내자는 의지에서 출발한 것이다.

프랑스 대혁명을 지켜본 토크빌은 "인류 역사는 평준화의 진행이며 그 종착역은 '조건의 평등화'이다"고 했다.

이렇게 프랑스 대혁명은 서구(西歐)의 의식과 양심 속에 '인간 평등'의 관념을 심어 놓았으며, 그 후에 일어난 각종 공산주의 또는 사회주의 운동에 대해 정신적 기반을 제공하였던 것이다.

마르크스와 엥겔스도 프랑스 대혁명의 자유와 평등 사상의 세례를 받은 사람들이었다.

그러한데도 오늘날 푸틴이 지배하는 러시아의 정치 체제와 시진핑이 지배하는 중국의 공산 체제는 일당 독재 체제일 뿐, 인간 평등 체제와는 거리가 멀다.

특히 북한은 더욱 가관이다. 법률 앞에 神 앞에 만민이 평등한 21세기 대명천지에 '김정은'을 무슨 백두혈통이라며 일반 국민과 신분을 차별하는 것은 역사의 반동이며 반역이다.

단군 자손이라면 모두가 다 백두혈통 아닌가.

그러므로 조선노동당은 지금도 도도히 흐르고 있는 대혁명 정신의 세계사적 흐름을 거역하고 있는 반동분자들의 결사체이며 이것이 곧 일당 독재 특권체제인 것이다.

특권으로 연명하는 더불어민주당은 해체되어야 한다.

오늘의 더불어민주당은 이념적으로나 도덕적으로나 윤리적으로나 진보의 구심점이 될 수 없다.

해방 정국의 자유당, 군사정부의 공화당, 민정당마저도 오늘의 더불어민주당만큼 퇴폐하지도, 부패하지도, 타락하지도 않았으며 내로남불 반동 특권으로 당을 운영하지도 않았다.

한국의 현대 정당사에, 전과 4범의 파렴치범이 당 대표를 한 적도 없고 범죄에 연루된 20여 명의 난신적자들이 판을 치며, 방탄 국회로 국정을 우롱한 정당은 더더욱 없었다.

김대중 정부에 참여한 필자의 시각으로 볼 때, 586 주사파 세력에 장악된 더불어민주당을 진보정당으로 볼 수 없다. 더불어민주당은 '신익희·조병옥'에서부터 '김영삼·김대중'까지 이어진 '60년 정통 민주 야당'의 본류가 아니다.

586 주사파 세력은 노무현 대통령의 탄핵역풍 덕에 열린우리당에 들어와 당내에 '탄돌이'들의 섹트를 불리면서 그들은 기본적으로 조선노동당의 외교 방침을 우위에 두고 전체주의 세력확장에 전념했을 뿐이다.

이는 586에 포위된 지난 문재인 정부의 통치 사례들이 증명한다. 586은 자유민주주의를 수호하기 위해 주사파를 배반할 것인가, 아니면 주사파의 이름으로 자유민주주의를 거역할 것인가. 나는 후자로 본다. 20대부터 형성된 그들의 정신 가치는 평생을 지배하며 조직문화의 속성상 벗어나기 어렵다.

586 세력은 시대착오적인 '해방전후사의 인식' 수준에 머물러 있는 문화지체자 '아나크로니스트' 들이다. 이미 1951년 7월, 전 세계 30여개 사회주의 정당들로 구성된 '사회주의 인터내셔

널'이 결성되면서 발표한 프랑크푸르트 선언은 사적소유(私的所有)와 자유 속 시장경제를 수용하여 사실상 고전적 사회주의는 포기했는데도 불구하고 이를 부정하고 지금까지 공산이념을 고수하고 있다.

이렇게 화석화 된 세력들이 무슨 진보를 참칭하고 국민을 기만하는가. 이런 세력들이 민주로 포장해 당을 장악하고 대장동 부패 세력과 결탁해 방탄 특권을 악용하여 범법자를 앞세우니, 이는 "도둑놈이 몽둥이 들고 길 위에 오른 격"이라 나라가 부끄럽기 짝이 없다. 당장 해체해야 한다.

세네카는 "도덕은 투쟁 속에 크게 성장한다"고 했다. 도덕적인 자질의 결여, 도덕적인 신념과 규범에 대한 위배는 지도자로서, 사회적·정치적 능력의 결여와 마찬가지로 중대한 결격사유로 여겨져야 한다.

군자지덕풍, 윗사람의 행동은 곧 아랫사람이 행동하는데 표본이 되어야 하는데 이 나라에 선한 기풍은 사라지고 윗물이 이러하니 2세 교육을 어떻게 해야할지 수심이 깊다.

방탄 특권으로 국민 스트레스를 주고 있는 586 주사파 세력과 그 대표는 지금이라도 특권을 전면 포기하고 부형청죄, 국민에게 스스로의 잘못을 엎드려 사죄하고 자신을 엄하게 처벌해 달라고 요청하여 조금이나마 국민의 시름을 덜어주기를 기대해본다.

전관범죄는 1국가 2국민 반지성주의 공포사회를 낳았다.

"교수대는 가난한 자들 만의 것이다." 프랑스 속담이다.

함석헌 선생은 씨알의 소리에서, 전국의 교도소에는 전부 가난한 사람들만 복역하고 있다고 했다.

전쟁에서 남한 출신 군인들은 죽을 때 "빽"하고 죽고, 북한 군인은 "당"하고 죽는다고 했다. 힘없고 빽 없는 사람만 손해 본다는 사회적 풍자다.

지금 이 나라의 법치 사회의 부조리가 극에 달하고 있다.

법률은 거미줄과 같아서, 약자는 걸려서 꼼짝을 못하지만 강자와 부자는 다 뚫고 나간다.

586 주사파 정권의 사법부의 전횡이 지금도 계속되고 있다.

그들이 사법부에 똬리를 틀고 자리를 버티고 앉아 자기 진영 사람들은 철저하게 감싸고 있다. 그 결과 우리나라 사법부의 신뢰도가 세계 최하위 그룹에 속해 있다.

30만원의 월세를 내지 못해 자살자가 속출하는 사회에 판검사 출신들의 전관예우로 얻는 범죄 수익은 서민들이 평생을 다해 노력해도 만져 볼 수 없는 수십억씩을 한 두 달 만에 뚝딱 번다.

재판이 돈에 따라 백을 흑이라고 말할 수 있는 기술이 있다는 것은 누구나 다 짐작하고 있다. 유전무죄 무전유죄, 얼마나 억울한 사회인가. 사법부의 신뢰도가 세계 하위 그룹에 속해 있다는 것은 우리나라가 2대 8사회의 1국가 2국민으로 나뉘어져 있다는 것을 방증한다.

　프랑스 혁명 이전의 구 체제는 전 인구의 2%에 불과한 귀족들이 전 국민 대다수를 지배했고 국가에 대한 특권은 귀족이, 의무는 시민이 대신하는 극도의 수탈체제를 유지하고 있었다. 법치의 균형이 완전히 무너진 것은 말할 것도 없다. 법치가 무너지면 방종한 무리들이 판을 친다. 히틀러와 모택동처럼 게슈타포와 홍위병을 앞세워 국민을 통치한다. 폭력배들이 날뛰어 선량한 국민의 생명을 위협한다. 힘 있는 자 한 사람의 범죄를 감추기 위해 6명이나 죽어간 사실을 우리가 목도하고 있지 않는가.

　이처럼 법이 돈 앞에 권력 앞에 무너지면, 인간의 숭고한 도덕윤리를 짓밟는 반지성주의 공포사회가 조성되면서 몰가치적 야만 국가 사회로 전락하게 된다.

　법률의 목적은 정의이다. 여기에 도달하는 수단은 투쟁이다.

　특본은 법치국가 수호를 위해 전관 범죄의 특권이 폐지될 때까지 전 국민적 투쟁에 나선다.

특본 대장정, 민족의 자두연기의 비극을 끝낼 때까지

　"자두연두기 두재부중읍 (煮豆燃豆豆在釜中泣)."
　"콩대를 태워 콩을 삶으니 솥 속의 콩이 울고 있구나!"
　'조조'의 아들이자 당대 최고의 문학가 중 한 명인 '조식'의 '자두시(煮豆詩)'인데, 이 詩로 자신을 죽이려던 친형인 위나라 왕

'조비'의 눈물을 흘리게 한 유명한 오언절구의 칠보시(七步詩)다.

이 시의 첫 구절인 '자두연두기' 또는 줄여서 '자두연기'는 형제지간에 서로 다투는 것을 비유하는 고사성어로 사용되고 있는데, 오늘의 우리 민족 남북 관계가 그렇지 않은가. 우리는 의식 있는 사람이라면 누구나 민족과 민중을 중심에 놓고 오랫동안 고민했을 것이다. 식민지와 분단을 경험했기에 언제나 '민족'을 고민해야 했고, 독재와 빈부갈등을 경험했기에 '민중'을 고민해야 했다.

우리 세대에 이 문제는 기필코 해결해야 할 민족의 어젠다다.

그러나 일에는 순서가 있다. 먼저 해야 할 일이 있다. 산을 옮기려면 작은 돌멩이부터 옮겨야 한다. 우리 국민은 지난 대선에서 우리 정치 현대사에서 처음으로 비정치권 인사를 대통령으로 만들어 신 보수를 탄생시켰다. 내년 총선에서는 또 우리 국민의 힘으로 신 진보를 탄생시켜야 한다.

현행 586 주사파 세력이 장악한 더불어민주당은 진보도 아니고 좌파도 아니다. 해방 정국에서 발호했던 좌익 남로당 세력의 연장이요 김일성주의의 전위대일 뿐이다. 그들을 좌파로 불러서는 안 된다. 좌익일 뿐이다. 좌파는 연원이 유럽식 좌파를 말함인데, 유럽식 좌파는 시장경제를 전제로 하는 사회민주주의이다.

시장경제를 기반으로 한 대한민국의 정체성을 존중하는 좌파라야 진정한 좌파이고 진정한 진보이다. 그렇기 때문에 우리는 내년 총선에서 민주세력으로 위장한 586 주사파 세력을 소멸시키고 유럽식 좌파 진보 세력을 탄생시켜, 자유민주주의와 사회민주주의의 경쟁과 협력의 생산적 정당구도를 정립시켜줘야 비로소 나라가 안정되고 대한민국의 정치발전을 실현할 수 있게 된다.

이것이 내년 총선에서의 국민의 과제이며 책무이고, 이를 위해 특본 세력은 특권폐지운동과 함께 4월 총선에서의 치열한 투쟁으로 신진보 세력의 승리를 이끌어내야 한다. 그런 연후에 우리 민족의 절실한 염원인 자두연기의 비극을 종식시키는 대장정의 길에 나서자 !

[글쓴이] 박현
전 MBC 정치부장. 전 청와대 공보국장
전 미국 버클리대 아시아정책연구소 연구위원

(인터뷰) 그런데도 국민 여러분!

박홍기 (특본 공동대표)

1. 박홍기 회장님 정치에 입문하게 된 동기가 어떻게 되나요?

우리나라 정치는 크게 중앙 정치와 지방 정치로서 나눌 수 있습니다. 중앙 정치는 국회의원과 당원 중심으로 활동하고 지방정치는 광역시도와 의원, 시군구의 장과 기초의원들이 활동하고 있습니다. 엄밀히 말하면 우리 한국의 지방정치는 228개 시군구 중심으로 시장 군수 구청장들이 중심 역할을 하고 있습니다. 이들이 지역 주민과 실질적 현실적으로 밀접한 관계유지를 하고 있습니다. 국회의원이라 할 지라도 기초단체장과 시구의원을 무시하고 선거 운동을 하는 것은 불가능한 현실입니다. 그래서 풀뿌리 민주주의의 완성은 하향식 공천보다 상향식 공천에서 시작된다고 생각하고 있습니다.

2. 박홍기 회장님이 대표로 계시는 자유실천연대는 어떤 목적과 활동을 하는 단체인가요? 단체 창립 계기도 궁금합니다.

자유실천연대의 모체는 윤사랑 전국모임입니다. 최초모임은 2021년 2월10일 1차 모임을 갖고 매주 정례모임 7차모임을 계기로 삼성동 팀을 결성했습니다. 15회차 모임때 윤사랑 전국 모임으로 확대하고 명칭을 변경하였습니다. 이념과 가치는 자유, 공정, 평등으로서 자유와 공정은 2022년 6월 29일 윤대통령 출마선언을 참고하였고, 평등은 프랑스 대혁명의 가치인 법 앞의 평등을 참고하였습니다. 2023년 4월 5일 비영리 재단법인 자유실천연대가 행정자치부 등록(23.4.5) 허가로 공식 출범하였습니다.

3. 보수우파정치인으로서 가장 중요하게 생각하고 있는 이념과 가치는 무엇인가요?

1) 자유민주주주의 시장경제 발전과 튼튼한 국가안보를 구축하기 위하여 나토식 국가 간 협상과 북한 핵을 방어하기 위한 주한 미군 내의 핵 보유도 논의해야 한다고 생각합니다.

2) 보수의 아이콘인 품위, 품격, 신중한 자세, 겸손의 실천을 위하여 마쓰시다 정경숙 같은 평생사회교육학교를 설치하고, 60대 이상 디지털 교육, 상식교육, 바른역사 교육, 자살예방 교육, 노인빈곤 예방교육 등 평생교육 활성화를 도모해야 된다고 봅니다.

4. 좌파와 대립하는 보수 우파의 입장에서 좌파 정치의 문제점은 무엇이라고 생각하시나요?

국가전복을 기도하고 국민의 경제를 파탄 내고 국민의 주권과 자유를 억압하고 국민의 일상생활을 방해하는 전체주의적 정치의 실행이 문제라고 생각합니다. 국민의 입법 정서를 무시하고 자기 정파에 유리한 입법을 양산하는 국회의원 숫자 독재를 활용하는 것이 반민주주의적 행태라고 봅니다.

5. 박홍기 회장께서 주장하시는 대표적인 정책에는 어떤 것이 있나요?

 1) 개혁정치-안보개혁(핵무기 도입), 경제개혁(노동개혁), 교육개혁, 정치개혁(특권폐지와 우선적으로 기초 단체장 공천폐지), 사회개혁, 연금개혁, 농정개혁
 2) 민생정치-저출산 고령화 정책의 현실적 방안 실천, 서민 금고의 활성화
 3) 정치인의 도덕성 확립-절차탁마학교 설립

6. 윤석열 대통령의 성공을 위해 자유실천연대에서는 어떤 역할을 하고, 윤대통령을 지지하는 이유는 무엇인가요?

10만 시민결사대를 전국적으로 조직하여 윤대통령을 지키고, 대통령 탄핵과 국가전복 기도를 좌절시키기 위하여 맞불집회에 적극 참여하고 있으며, 가짜뉴스 타파를 위해 유튜브 진실 방송 실천과 무엇보다도 특권폐지 운동에 앞장서고 있습니다. 윤대통령을 지지하는 이유는 권력에 굴복하지 않고 자유와 공정, 상식과 기회균등을 위하는 정책에 공감하기 때문에 지지하고 있으며, 실천을 위해 전국 조직을 활성화시키고 있고 활발한 홍보와 선전을 위해 노력하고 있습니다.

7. 좌파와 보수우파 사이의 이념 대립을 해결하기 위한 방안에는 어떤 것들이 있나요?

앞선 정부들의 좋은 정책 사례들을 국정의 주요 인사들에게 소개 혹은 교육하여 좌우정부를 막론하고 계승 발전시키는 일관성의 유지가 중요하다고 봅니다. 이러한 모범적 사례들은 윤석열 정부에서 먼저 열린 자세로 계승 발전시킬 필요가 있다고 생각합니다.

8. 현 정부의 경제정책에 대해 어떻게 평가하시나요? 보수우파 정치인으로서 다른 대안이 있나요?

현 정부는 저출산 고령화를 해결해야 하고, 자원을 무기화하고 있는 우크라이나-러시아 전쟁과 미·중 경제전쟁을 보면서 물가, 환율, 금리의 3고 현상 때문에 국가채무의 증가와 더불어 무역수지 적자가 계속되고 있는데, 대안으로 노동시장 유연화, 규제완화 정책 강력실천, 연금재정 안정화, 기업 친환경 생태 조성 등으로 해결해야 된다고 생각합니다.

9. 박홍기 회장님은 어떤 리더십 스타일이신가요? 리더로서의 강점과 약점은 무엇인가요?

시대정신에 맞는 리더십은 현재의 인기와 지지보다 미래 국가발전의 원동력이 되는 리더십이 중요하다고 생각합니다. 사례로 박정희 대통령의 경부고속도로 건설, 월남파병, 김대중 대통령의 일본문화 개방, 금모으기 운동, 노무현의 한미 FTA 협정체결, 윤석열 대통령의 화물연대, 건설노조 사태에 대한 강력한 노조정책, 강제징용 문제 해결을 위한 결단으로 한일관계 정상화를 들 수 있다고 봅니다. 저의 강점은 강력한 실천력이라고 할 수 있으며 그에 따른 주의점으로 항상 광범위하게 의견 수렴을 해야된다고 생각하고 있습니다.

10. 국내정치의 편가르기 현상을 극복하기 위해 박홍기 회장이 생각하시는 가장 중요한 방법은 무엇인가요?

기초단체의 정당공천을 폐지하고 공천권을 시민에게 돌려 주어 공천비용 등의 돈이 없어도 유능한 젊은 인재들을 다수 참여시키고 사회 전반의 부정부패를 일소하는 동시에 다양한 계층이 정치에 참여하게 하면 정치에서 편가르기가 극복된다고 생각합니다. 메타버스 플랫폼을 활성화시키고 AI와 챗GPT를 활용하면 정치도 다양한 세대와 계층이 자유롭게 소통하게 되어 정치 편가르기 현상을 극복하는데에 큰 도움이 될 것입니다.

(대담: 우일식 특권폐지국민운동본부 조직위원장)

[글쓴이] 박홍기
사)자유실천연대이사장. 대통령직인수위자문위원
제20대대선캠프국민화합위원장.

국회의원특권 폐지와 총선

배경혁 (특본 대변인)

국민들은 좌절한다

정치는 권력에 관한 것이다. 권력은 사회적 목표를 달성하기 위한 도구일 뿐임에도 여전히 권력은 매력적이다. 단순히 사적인 목적을 넘어서는 공익적 목표를 달성하기 위해 정치인들은 국민들에게 봉사하겠다고 너도 나도 공언한다. 그리고 봉사보다는 권력을 추구한다. 다수의 정치인들은 야망을 가지고 있다. 권력을 가지고 있어도 더 큰 권력을 추구하려는 야망을 가지고 있다, 이로 인해 정치판에는 온갖 부정부패, 거짓, 배신이 난무한다. 다수의 국민들은 정치에 좌절하고 있다.

우리 사회의 특권

저출산과 인구감소는 우리 사회의 가장 큰 문제이다. 삶의 불안정, 고용불안, 저성장과 새로운 국가 성장전략 부재 등 다양한 문제들이 우리를 숨 막히게 한다. 하지만 우리를 더 힘들게 하는 것은 바로 특권이다. 특권이 한국 사회의 불신의 근원이요 문제의 뿌리이다. 한국 사회는 특권이라는 폭력으로 얼룩져 있다. 특권은 사회적 배제와 평등의 부재, 관용과 신뢰의 상실을 야기하며 개인의 역량과 능력 발휘를 못하도록 차단하는 벽으로 작용하고 있다.

특히 국회의원들의 특권은 실로 막강하다. 국회의원들 스스로가 자신들의 직위에 특권을 더해 왔고, 그 특권으로 말미암아 한국 정치는 그야말로 존경과 신뢰를 완전히 잃었다고 해도 과언이 아니다.

국회의원, 그 자체가 신성한 특권이다.

사실 국회의원 직은 그 자체로 특권이다. 국회의원의 직위는 그 자체로 국민을 대표하는 신성한 명예직이고 의원 한 사람 한 사람의 사회적 지위와 업적을 인정하는 것으로, 존경받아 마땅한 직위이다. 국회의원은 국민을 대표한다. 대통령도 탄핵시킬 수 있다. 그럼에도 불구하고 일부 국회의원들은 자신의 직위를 막대한 재산증식과 셀 수 없이 많은 특권을 휘두르는 수단으로 전락시켜 버렸고 그런 국회의원을 견제하는 장치는 사실상 전무하다. 그 상태에서 국회의원들은 스스로를 특권층으로 규정하고 200여 가지나 되는 국회의원 특권을 확대 재생산해 왔다,

국민들이 바라보는 국회의원들의 파렴치한 특권

국회의원들은 현행법상 범죄를 저질러도 회기 중에는 체포되지 않는다. 그러면 국민들은 국회의원들이 마음껏 국법을 어겨가며 국민들을 농락하는 모습을 지켜보아야 할 것이다. 신성해야 할 국회에서 국회의원들끼리 면책특권을 빙자하여 서로 고성을 지르고 막말과 거짓말에, 협박성 발언을 서슴없이 한다. 회사에 자기 시간을 다 쏟아부어도 모자란 기업인들을 강제로 국회로 출석하게 해서 조롱한 후 국회 밖으로 내보내는 것은 다반사이다. 국회의원들이 경쟁하듯이 공무원들을 하대하고 폭력적 언사를 서슴지 않는 모습은 너무나 익숙하다. 이런 모습을 보는 국민들은 국회의원의 지성이 초등학생보다 못하다고 생각할게 뻔하다.

국회의원특권, 과연 존속되어야 하는가?

국회의원 특권이 계속해서 존속한다면 국민들이 국회의원들을 어떻게 생각하겠는가? 그들을 이상적인 정치인으로 바라보겠는가? 스스로를 위해 만든 특권을 움켜쥐고 있는 그들을 뻔뻔하고 파렴치하다고 생각하지 않겠는가? 국회의원에게 주어지는 특권이 국민을 향한 폭력으로 느껴지지 않겠는가?

국회의원을 뽑을 때 국민들이 가지고 있는 선출 기준은 시간이 지남에 따라 변경될 수도 있다. 정치인의 고유한 경험과 능력, 기질도 평가 기준으로 할 것이고 국가에 대한 충성심도 평가할 것이다. 하지만 국민들은 궁극적으로는 도덕성을 가장 큰 평가 기준으로 가질 것이다. 도덕성은 시간과 공간을 초월한다. 하지만 우리나라 정치인들은 도덕적이라는 평가를 받지 못한다. 국회의원 특권이 국회의원들의 부도덕함을 상징하고 있기 때문이다. 국민들의 기대에 반하는 국회의원들의 특권의식이 너무 빈번하고 누적되기 때문에 국민들의 마음은 항상 불편할 뿐이다.

국민들의 판단 기준

사람들은 매 순간순간 판단을 하며 살아가야 한다. 사람들은 결정을 할 때 저마다 판단 기준을 가지고 있다. 식당에 가서 메뉴를 고를 때도 사람마다 각기 다른 판단 기준이 있을 것이고, 옷 가게에서 옷을 고를 때도 판단 기준이 작용할 것이다. 모든 것을 서로 의존하는 사회적 존재로서의 인간은 기본적으로는 생존이라는 목적으로부터 시작해서 삶에서 요구되는 더 높은 요구사항을 상대방으로부터 기대한다. 인간은 혼자서 살아갈 수 없는 존재이기 때문이다. 가령 모든 사람들은 자신의 의식주 문제를 잘 해결하기 위해서라도 좀 더 이상적인 정치인다운 정치인의 출현에 지속적인 관심을 가지고 있다.

독자들은 과연 정치인다운 정치인이라고 하면 어떤 정치인이 떠오르는가? 화려한 언변과 정치적 감각이 탁월하여 대통령이 바뀌어도 권력의 중심부를 떠나지 않는 정치인이 떠오르지는 않는가? 그럼 그 정치인은 과연 정치인다운 정치인인가? 정치인다운 정치인이라면 존경받아 마땅함에도 그런 정치인을 과연 존경할 수 있겠는가?

내년 4월에 국회의원 선거를 앞두고 있다. 이 시점에서 국민들이 바라고 원하는 이상적인 정치인의 모습, 도덕적인 정치인의 모습을 구체화시키고자 한다.

인기는 한때이다. 도덕성은 영원하다.

정치인의 도덕성은 유권자들의 도덕적 평가와 판단에 의존하기 때문에 대중성과는 크게 구별된다. 정치인의 대중성 즉, 인기라고 하는 것은 부분적으로는 도덕성에 의존하기는 하나, 다른 여러 요소에 의존하게 된다. 정파에 의존한 정치, 강력한 후원그룹과 열혈 지지그룹, 중요 정보에 대한 접근 능력, 정치적 반대그룹의 분열, 호황을 누리는 경제 등 정치인은 다양한 수단으로 상대방에 비해 우위를 점할 수 있다.

하지만 이것들은 모두 외부적 환경일 뿐이다. 외부적 환경은 시시각각 변한다. 외부적 환경이 시시각각 변한다는 말은 선출직인 국회의원 직에 선출되지 못하는 환경이 조성되면, 정치인으로서의 생명을 마감한다는 의미이다.

하지만 정치인이 외부 상황과 관계없이 내적 자산만을 가지고 유권자들에게 지지를 받아내기 위해서는 도덕성을 반드시 갖추어야 한다. 정치인은 반드시 도덕적이어야만 국민들에게 어필할 수 있다. 국민들은 비도덕적인 정치인을 믿지도 않고 지지하지도 않는다.

국회의원특권 폐지와 총선

국회의원 후보로서 자신의 도덕성을 가장 극적으로 표현할 수 있는 방법은 국회의원 특권 폐지 활동이다. 아이러니하게도 이 시대는 국회의원 특권이 정점에 와 있기 때문이다. 특권을 누리기 위해서 국회의원이 되는 것이 아니라, 특권을 폐지하기 위해서 국회의원이 되어야 하는 것이다. 내년 총선에서 국회의원 특권 폐지를 제1의 공약으로 내건다면 국민들은 열광할 것이다. 국민들은 바로 그런 정치인다운 정치인, 국회의원다운 국회의원을 기다려 왔기 때문이다. 국회의원 특권 폐지가 오늘날의 시대정신이 된 것이다, 내년에 국회의원이 되고자 하는 사람은 시대정신을 잘 읽고 경건한 마음으로 국회의원 특권을 앞장서서 폐지하려는 강력한 의지력을 가지고 있어야 한다.

내년 4월 총선에는 이런 사람이 당선된다.

편의상 내년에 당선된 국회의원다운 국회의원의 이니셜을 A라고 하자. 국회의원이 된 A는 내적으로 도덕적 역량을 충분히 갖추고 있다. 그는 정치인으로서의 잔기술이 뛰어나도 도덕적이지 못한 정치인은 존경받지 못한다는 사실을 잘 알고 있다. 도덕적이지 못한 사람은 정치인이 되면 안 된다는 신념도 늘 마음에 품고 있는 그이다. 그는 국회의원 특권 폐지를 관철시켜서 도덕적 자산을 가진 정치인으로 다시 태어났다. 특권이 폐지되어 국회의원 직위에 특권이 전혀 부여되지 않고 있음에도 그는 국회의원 직을 충실하게 수행하고 있다. 그의 마음은 결연하다. 무너진 국회의원에 대한 신뢰를 회복하는 유일한 길은 국회의원 특권 폐지뿐이라는 것을 알고 있기 때문이다. 그는 존경받는 정치인이다.

마무리

입법, 사법, 행정 경쟁력 순위를 보면 우리나라의 글로벌 국력에 한참 못 미친다는 사실을 알 수 있다. 소위 고위공직자들의 기득권, 특권의식이 우리나라의 경쟁력을 약화시키고 있다. 이런 절망적인 상황에서 국회의원 특권이 가장 먼저 폐지되어야 한다. 국회의원 특권이 폐지되어야만 사법, 행정부의 전관예우를 비롯한 특권 카르텔을 힘 있게 타파해 나갈 수 있다. 국회 특권을 폐지함으로써 도덕성이 탄탄한 정치인들로 국회를 채워야만 우리나라의 질서가 바로잡히게 된다. 국회의원다운 국회의원, 청렴한 고위공직자들로 입법, 사법, 행정부가 채워진다면 우리나라의 경쟁력은 급상승할 것이다. 국회의원 특권을 폐지하자.

[글쓴이] 배경혁
신문명정책연구원 정책실장
전 울산연대 교육위원

특권폐지를 위한 몇 가지 제언

신동춘 (특본 공동대표)

들어가며

　대한민국은 새로운 계급사회로 되어 과거로 퇴행할 것인가? 권력을 가진 사람들이 탐욕스럽게 권력과 그에 따르는 특권을 양산하고 기득권으로 지키고 있다. 우리 국회의원들 연봉 수준이 세계 최고라고 하는데 다른 말로 하면 탐욕 수준이 세계 최고라고도 할 수 있다. 국민이 침묵하여 특권계급을 용인하고 차별이 엄청난 사회에서 살 것인가? 아니면 국민 주권을 발휘하여 뜯어고치는 주역이 될 것인가?

　국민이 선출한 그리고 국민의 봉사자가 되도록 헌법에 규정된 국회의원과 고위공직자들이 헌법을 위반하여 압도적인 특권을 누리고 있는데 이를 없애는 일은 진정한 국민 화합과 더욱 자유롭고 민주화된 국가를 건설하는 데 있어 매우 중요한 일이다.

　이하에서는 권력과 특권의 역사, 우리나라 특권의 병리 현상을 살펴보고 정치권력과 특권, 고위공직과 특권, 그리고 특권을 폐지 또는 방지할 수 있는 몇 가지 제언을 하고자 한다.

권력과 특권의 역사

자유민주주의의 역사는 권력으로부터 인간의 자유와 존엄성을 쟁취한 역사라고 할 수 있다. 역사를 통해 자유와 인권이 크게 신장한 데에는 몇 번의 기념비적인 사건이 있었다. 1215년 영국의 마그나카르타 (대표 없이 과세 없다), 1776년 미국 독립선언 (천부인권, 국민이 정부를 조직), 1789년 프랑스 대혁명 (자유, 평등, 박애), 1865년 노예해방 선언 (남북전쟁을 치르며 노예해방) 등이 그 예이다.

절대권력을 가지고 통치했던 왕과 교황의 자의적인 권력으로부터 개인의 자유와 인권을 보호하는 일은 예나 지금이나 중요한 일이다. 일찍이 영국의 액튼 경은 "절대권력은 절대적으로 부패한다"라고 설파하였다. 통제받지 않는 중국, 러시아, 북한의 공산당의 독재체제에서는 부패가 만연하고 있다. 권력이 통제되고 감시받으면 국가의 시민이나 개인의 권익은 상대적으로 신장되고 좀 더 공평하고 평등한 세상에 살게 된다.

권력을 감시하고 통제하기 위하여 현대의 민주주의는 입법 사법 행정으로 권력을 분립하고 상호 견제와 균형을 이루도록 장치하였다.

현대 이전까지 인류는 오랫동안 귀족, 평민, 노예로 구성된 신분제 사회에서 살았다. 노예는 주인의 소유물이며 거래의 대상이고 주인은 생사여탈권을 가지고 있었다. 조선시대는 사농공상의 네 계층으로 이루어졌는데 양반이 농사에 종사하면 양반을 유지할 수 없었다. 조선시대 후기는 노비가 늘어나 인구의 40%까지 차지하였다.

우리나라 특권의 현상

대한민국 헌법 제11조는 모든 국민은 법 앞에 평등하며, 모든 영역에 있어서 차별받지 아니하며, 특수계급의 제도는 불인정되며, 어떠한 형태로도 창설할 수 없다고 규정하고 있다.

이러한 헌법 규정에 위배 되는 한국 사회 최상층부의 탐욕, 이권, 부패 구조는 매우 개탄스러울 정도이다. 지위에서 인위적으로 만들어지는 영향력과 힘을 가진 사람이나 세력이 상호 연결된 부패의 사슬을 이루고 이권 카르텔을 만들고 있다. 우리 사회에서 이러한 신계급사회의 도래와 고착은 심각한 문제라고 아니할 수 없다. 특히 일 개인이나 특정 세력이 명예, 돈과 권력을 한꺼번에 갖게 되는 것이 문제이다.

특권계급은 대부분 국민 세금으로 특권을 누리고 있고, 기득권으로서 영속화를 꾀하고 있다. 헌법에 반하여 특권계급을 만드는데, 상당수 일반 국민은 특권을 숭상하여 심지어는 이들로부터 부와 권력 일부를 부여받으려고 노력하기도 한다. 조선조 등

봉건사회의 오래된 관습으로 국민은 이미 형성된 특권 귀족 계급에 굴종하는 관습이 오랫동안 자리를 잡고 있는데 마치 조선시대의 과거시험에 합격한 양반 귀족을 숭상하는 없어져야 할 관념이 21세기 지금까지 남아있는 것이 아닌가 생각이 든다.

나라 전체가 돈과 특권으로 인하여 특권층과 일반 국민 사이에 갈등이 심하고, 특권을 둘러싸고 도덕·상식·이성·책임성·주인의식이 실종되고 무너지고 있다. 대장동 50억 클럽은 대법관·특검·정당의 고위 간부 등이 범죄 조직을 만들고 보호하는 대가로 1인당 50억을 받기로 한 탐욕의 극치를 보여 주고 있다. 사회 구석구석이 특권을 중심으로 이권 카르텔이 형성되고 있다. 또한 거의 모든 특권 및 이권 카르텔에는 정치권력이 연결된 것이 현실이다.

국회와 국회의원은 스스로 특권을 부여하고 계속 확장하고 있다. 필자가 상당한 기간 국회를 드나들면서 관찰한 바는 국회가 외형적 물리적인 측면만 아니라 도를 훨씬 넘어서 국민 정서에 맞지 않는 특권을 만들고 확장하고 있다는 사실이다. 우선 국회 본관과 의원회관의 기본 시설을 건립한 후에 국회도서관 국회의정관 국회소통관 국회박물관 국회한옥을 계속 증설해 왔다. 보좌관은 초창기 1~3명에서 현재는 9명 이상으로 증가하였으며, 의원 사무실 면적도 계속 확장일로에 있다. 한마디로 국회 왕국을 만들어 위세를 과시하고 있다고 해도 과언이 아니다.

정치권은 시민단체 및 특정 부처의 이익과 결탁하여 이권 카르텔을 형성하고 있다. 재벌 등 경제적 강자와 대형로펌 간 법조카르텔, 교육부, 교육평가원, 학원, 대학 등이 얽혀 있는 교육카르텔, 환경부 환경단체의 환경카르텔, 방송통신위원회와 언론사 사이의 언론카르텔, 건설노조와 건설사 및 발주처 간 건설카르텔 등을 예로 들 수 있다. 전관예우는 사법부, 행정부 및 공기업 출신 공직자 (최근 LH사태 등)도 광범위하게 누리고 있다. 공정거래위원회에서 경제 경찰 역할을 하던 공직자들이 퇴직 후 업체에 가서 후배 공무원들에게 로비하는 사례는 아무래도 지나치다.

또한 행정부처는 불요불급한 산하기관을 신설하여 부처 공무원의 인사 적체 해소 방편으로 삼는 예가 적지 않다. 공기업도 자회사를 설립하여 전직 임원을 자회사에 취업시킴으로써 민간기업의 경쟁입찰 기회를 박탈하고 불공정 게임을 벌이고 있다.

공무원은 국민의 봉사자요 정치적 중립의 의무를 지고 있다. 요컨대 이해의 상충 (CONFLICT OF INTERESTS)과 공정성이 특권 문제를 다루는 데 있어서 핵심 개념이며 한국 사회의 전반적인 개혁을 추진함에 있어서도 기준이 될 수 있다.

특권계급의 지속은 승자독식으로 (Winner takes it all) 국민이 납득할 수 없는 구조요 병폐이다. 한번 승자가 되면 끝없이 그 지위를 유지하며 패자부활을 허용하지 않는 사회는 불공정하고 병든 사회이다.

정치권력과 특권

페르 아르네 호캔손은 스웨덴 사회민주당 소속 국회의원으로, 그는 "우리(국회의원)도 평범한 시민"이라고 말했다. "국회의원은 시민과 그들이 살아가는 현실을 대표하는 직업입니다. 국회의원에게 특권을 준다는 건 이해하기 어려운 일이죠." 스웨덴 국회의원 중에도 선거구가 수도 스톡홀름 외부에 있는 이들이 있다. 이들에게는 스톡홀름에서 의정 활동을 하는 것에 대한 일당 개념으로 약간의 특전이 지급된다. 특전이라면 과연 얼마 정도일까? 하루에 12달러 정도다. 스톡홀름에서 가볍게 밥 한 끼 사서 먹을 수 있는 돈이다. 사실 1957년까지만 해도 스웨덴 국회의원에겐 월급이 없었다. 대신 정당원들이 금전적 지원을 해줬다. 의회 기록을 보면 월급 제도는 시민들의 정치 참여 문턱을 낮추는 방편으로 도입됐다. 하지만 이 과정에서 스웨덴 국민은 국회의원 월급이 커다란 경제적 인센티브가 되는 것을 원하지 않았다. 국민이 낸 세금은 오로지 국회의원을 위해서만 사용된다. 지방 출신 국회의원의 배우자나 가족이 국가가 지원하는 아파트에서 1박을 하려면 돈을 내야 한다. 만약 국회의원이 아닌 가족이나 친척이 함께 살려면, 임대료의 절반을 의원이 부담해야 한다.

스웨덴의 정당은 사단법인에 불과하지만 우리나라에서는 국회의원을 공천한다는 명목으로 막대한 세금을 국고보조금으로 지급하여 웰빙정당으로 탈바꿈하게 되었다. 선거비용 보전과 1년에 1억 5천만의 기부금 허용 등 현직 국회의원에 대한 지나친 특권 부여로 참신하고 양심 있는 정치신인이 탄생하기 어려운 구조로 되어 있다.

정당의 공천권을 당 대표가 독점하고 있는 것이 문제인데, 소속 정당의 의원들과 정치 지망생들은 국민 의견, 여론보다 당 대표에 충성을 다짐하는 구조이다. 또한 국회의원은 자치단체장, 시군구 의원 공천 권한을 가지고 있는데 부패가 내재하여 항시 발생할 수 있는 구조이다.

정당이 자유민주적 기본질서에 반하는 반헌법적인 활동을 계속하면 헌법재판소가 정당을 해산하여야 한다. 현재 정당 활동이 헌법의 기본질서를 무너뜨리는 경우는 부지기수이며 범죄 피의자가 수십 명이나 되는 정당이 불체포특권을 남용하는 등 입법권력은 무소불위의 권력을 휘두르고 있다.

국회 내 정당이 부처의 특정 업계, 이익단체, 압력단체에 유리하게 입법하는 경우가 비일비재하다. 타다 카카오택시 등은 기존에 면허를 받은 업계와 국회가 담합하여 시장 진입에 좌절을 겪었던 경험이 있다.

고위공직자의 권력과 특권

청백리(淸白吏)는 고려 시대와 조선시대의 모범 관료에게 수여되는 명칭으로, 동료들의 평가, 사간원, 사헌부, 홍문관과 의정부의 검증 절차 외에도 2품 이상의 당상관과 사헌부, 사간원의 장급들이 추천, 검증, 심사하여 통과되어야 선정되었다. 청백리는 재물에 대한 욕심이 없고, 올곧고 깨끗한 관리라는 뜻이며 관직 수행 능력이 뛰어나고 청렴(淸廉), 근검(勤儉), 근면성, 도덕성, 경효(敬孝), 인의 등의 덕목을 두루 갖춘 성리학적인 전인에 부합하는 의미로 받아들여졌다.

조선시대 지식인인 선비는 단순한 지식종사자가 아니라 지식과 교양을 갖추고, 실천을 통해 국가사회에 중추적인 역할을 담당한 사람들로 청빈(淸貧), 청백리(淸白吏), 청직(淸職), 청의(淸議), 청류(淸流) 등의 단어에서 보듯 깨끗함에 큰 가치를 두었으며, 선비정신을 맑음의 정신이라고 규정할 수 있다. 선비정신을 실천하고 청빈한 삶을 살았던 조선시대의 대 유학자 퇴계 선생은 생애 동안 수많은 관직을 역임하였지만, 일생 79차례나 사퇴의 의사를 밝힌 바 있고, 마지막에는 이조판서 벼슬을 사양하고 고향에 내려와 후학을 양성하는 데 전념하였다.

다산 정약용이 목민심서에서 말한 청렴은 '청탁이 행해지지 않고 뇌물이 들어오지 않는 일'이다. 결코 지키기 어려운 일도 아니고 500년 전 우리 조상들이 이미 실천했던 내용이기도 하다.

헌법에 공무원은 국민의 봉사자로서 국가와 국민 전체의 이익을 위하여 일하여야 한다고 규정되어 있다. 그러나 21세기에도 출세욕은 공무원 대부분이 가진 욕망으로 부인할 수 없는 현실로서 인사 청탁과 뇌물 수수가 관여되는 경우가 많다. 정치권력의 개입, 학연과 지연에 의한 자의적이고 공평하지 않은 인사는 부패를 낳는 씨앗이 되는 경우가 대부분이다. 훌륭한 고위공직자도 많지만, 수단과 방법을 가리지 않고 출세한 사람도 많다. 고위직이 퇴직 후 사회적으로 고액 연봉자로 계속하여 특권을 영위할 가능성이 농후하므로 고위직을 차지하려고 경쟁하는 과정에서 인사 비리의 가능성도 높다고 보인다.

퇴직 후 연금은 최소한의 안정적인 생활을 영위할 수 있도록 경제적인 보장이 되어 있는데도, 장·차관 등 고위직은 계속하여 대형 로펌, 대기업 고문 등으로 취업하여 부익부 빈익빈 현상이 심화되고 이들의 영향력은 로펌의 이익을 위하여 사용되고 있다. 월 100만 원대의 국민연금을 받아 생활하는 일반 국민과 비교해 보라. 법적으로는 직업선택의 자유가 있고 고용시장에서 자유경쟁의 원리가 작동하지만, 공정과 형평 그리고 이해 상충의 관점에서 규제가 필요하다.

다른 한편 정치권력 및 청와대 (대통령실)가 고위공무원 인사나 부처의 정책 결정에 깊숙이 개입하거나 부당한 압력을 행사하고 있다.

노무현 정부 시절 2003년 건설교통부는 경부고속철도 천성산, 금정산 터널, 외곽순환도로 사패산 터널, 화물연대의 총파업 같은 국책사업과 과격 시위에 직면하여 매우 어려운 시기를 맞이하였다. 국책사업은 많은 절차를 걸쳐 결정된 것이니 담당 실·국장은 그대로 집행하는 것이 마땅하나 당시 정치권력과 유착된 환경, 불교단체의 저항에 부딪혀 어려움을 겪고 있었다. 사업 책임자가 본래대로 사업을 추진하면 할수록 청와대의 시선은 곱지 않았으며 오히려 환경 불교단체의 행동을 정당화하고 힘을 실어 주었다. 결과적으로 담당 책임자들은 윗선의 입김에 의하여 인사에서 불이익을 받게 되었다. 지율스님이 청와대 앞에서 단식하자 당시 문재인 민정수석은 지율스님에게 단식을 중단하면 고속철도 공사를 중지하겠다고 하여 실제로 2년 이상 공사가 지연됨으로써 수조 원의 국고 손실을 보게 되었다. 지율은 대법원에서 손해배상의 책임을 지지 않고 단지 솜방망이 같은 정도의 업무방해죄 선고를 받았을 뿐으로 그 후에도 4대 강 사업 등 여러 국책사업을 방해하는데 앞장서 왔다.

  법관은 사회정의를 실현하는 직업이라고 알려졌지만 우리나라는 너무나 부패하여 있다. 대법관 특검을 지낸 사람들이 대형 로펌에서 단기간에 수십억을 번다든지 사건 수임료가 천정부지로 높은 것은 가난한 당사자들은 재판에서 이길 가능성이 없다는 것을 의미한다.

  법관의 전관예우는 이미 유전무죄 무전유죄의 오명을 갖고 있고, 사회정의를 무너뜨리며 법원에 대한 불신이 날로 증가하는 해독적인 관행이다. 형사사건의 경우 수임료에 상한선을 두어야 한다는 주장 (박인환 변호사)에 전적으로 공감한다.

특권폐지 및 방지를 위한 제언

한국 사회는 특권계급이 많은 부패사회이며 정치개혁이 병행되지 않으면 안 된다. 좁은 땅에 지역의 이익과 차기 선거에 당선되기 위해 국가 전체의 이익은 외면하고 모든 힘을 집중하는 국회의원은 도움이 되지 않으므로 우선 국회의원 정수를 현재 300명에서 최소한 200명까지 줄여야 한다.

국회의원이나 고위공직자의 부패를 방지하고 특권을 없애기 위한 "행동강령(Code of Conduct)"을 제정하여 생활화하도록 해야 한다. 김영란법은 사회 상층부에서의 과도한 선물 주고받기 금지를 하는 좋은 규범으로 자리를 잡고 있는데, 특권을 폐지하기 위한 처방은 아니다.

국회의원의 대우와 특권에 대해서는 셀프특권을 없애고 사회적 합의로 결정하기 위하여 가칭 "국회의원 대우에 관한 사회적 위원회"를 설치·운영해야 한다. 자기 특권을 스스로 결정하는 것은 이해 상충이고 자가당착적 행위이다. 이미 노사정위원회나 최저임금위원회 등 이해관계자의 합의로 중요한 사항을 결정하는 메커니즘이 있는 만큼 조속하게 이러한 기구를 발족시켜야 할 것이다. 외국의 경우 2000년대 초 독일의 노동 시장 개혁을 위한 하르츠위원회나 네덜란드의 노사정위원회가 만든 바세나르협약은 좋은 참고가 될 것이다.

국민 전체가 압력단체 겸 감시기구(Watchdog)가 되어 특권의 형성을 방지하고 이미 특권화된 세력과 제도를 없애기 위하여 국회의원은 국민소환(Recall) 제도를 도입하며, 마지막에는 국민 저항권을 행사하여야 한다.

　정부 전체의 특권방지, 국민/업계의 일반적인 경쟁 기회를 박탈하거나 제한하는 행정부의 입법이나 조치를 종합적으로 심사하는 기구가 필요하다. 패자부활이 가능하도록 제도를 발전시켜야 한다. 특권폐지를 위한 제도화와 내재화로 특권계급을 없애고 공정하고 정의로운 사회가 되도록 전 국민이 끊임없이 소금의 역할을 해야 할 것이다.

[글쓴이] 신동춘

자유통일국민연합 대표. 글로벌항공우주산업학회 회장

(전) 국토해양부 고위공무원

(전) 건국대 초빙교수, 성신여대 겸임교수

"신 한강의 기적, 신 한국의 기적"을 위한 특권폐지

이희규 (특본 공동대표)

21세기가 시작된 지 어느덧 사반세기에 가깝다. IT, BT, AI등이 의미하듯 세상은 가히 디지털 혁명의 시대에 살고 있다. 신문명의 시대, 대전환의 시대라 표현하기도 한다.

육칠십년 전의 한국의 모습을 보라! 식민지 해방, 이어진 이념의 무질서한 만개 그리고 동족상잔의 6.25 전쟁. 잿더미만 남은 폐허된 나라, 농업이 전부인 최빈국 중 하나였던 대한민국!

외국의 도움 없이는 살아갈 수 없는 영양실조의 검은 대륙을 연상케 하는 당시 한국의 경제 상황.

그러나 다행스럽게도 외교의 귀재 같은 지도자, "나도 할 수 있다." "잘살아 보자"는 영감을 준 지도자를 만나 국민과 함께 이룩한 "한강의 기적!" 빨리빨리 문화가 에너지 되어 반도체 IT 강국이라는 평가도 받는다.

세계적 미래학자들이 대한민국은 이삼십 년 내에 G2 국가로 올라설 것이란 예측도 내놓고 있다. 최근에는 K팝, K컬쳐, K스포츠 등의 약진으로 마치 대한민국이 선진국이 된 분위기까지 자아내고 있다.

물론 경제적으로 보면 잘사는 나라가 됐음을 실감한다. 그러나 국민들의 역사인식과 의식수준은 선진국 수준에 이르려면 아직 멀었다는 게 일반적 평가다. 노래 몇 마디, 금전이 조금 들어왔다 해서 선진국이 아니다.

책임과 의무와 배려를 하지 않고 거만한 부는 오히려 독이 된다. 최근 수년간 코로나 사태로 말미암아 부의 불평등은 더욱 심각해졌다. 극단적 양극화는 더 많은 빈곤층을 양산하고 있다. 그 결과 최근에는 가슴 아픈 일가족 집단 자살사건, 영아 살해 사건 등 도덕과 인륜, 천륜의 붕괴 현상까지 집중적으로 나타나고 있다.

전 세계에서도 가장 자살률이 높은 바, 청년 자살률 또한 전 세계에서 2번째로 높은 게 오늘의 한국 현실이다.

또한 소상공인, 자영업에 종사하는 분들은 임금인상, 물가앙등, 경기침체, 집값 인상, 세금 인상 등 불만이 쌓여가고 이구동성으로 못 살겠다, 죽겠다는 아우성이 천지를 진동하고 있는 이때에 위정자들은 과연 무엇을 하고 있나.

국민들의 어려움과 아픔을 함께하며 어려운 현실을 타파하려는 노력과 해결방법을 찾아내어 국민의 흐르는 눈물을 닦아 주어야 함에도 불구하고 그들은 오히려 자신에게 부여된 특권과 특혜를 지키고 향유하는 일에만 몰두하고 이권 챙기는 꾀만 부리기에 급급한 게 2023년 오늘의 슬픈 현실이다.

대한민국 헌법 제1조에 "대한민국의 주권은 국민에게 있고, 모든 권력은 국민으로부터 나온다"고 명시되어 있지만, 과연 그럴까? 입법부, 사법부, 행정부 등의 공공기관에 대한 신뢰도가 전 세계 168개국 중 정치권 114위, 사법기관 155위, 행정기관 111위라는 것이 영국 '레가툼' 연구소의 발표이다. 이것이 상식이 있고 법치가 작동하는 민주주의의 기초가 확립된 나라의 모습인가?

더 이상 사리사욕과 특권에 인이 박힌 국회의원들을 비롯한 고위 판, 검사, 행정부의 고위 공직자 등이 누리는 특권을 그대로 방치할 수는 없다. 이제부터라도 국민이 직접 나서서 그들이 부당하게 행사해 온 특권을 폐지 시켜야 한다. 특권이 폐지되어야 부정부패가 발붙일 곳이 없어지고, 국민을 위한 입법, 사법, 행정 서비스가 제대로 기능을 하게 될 것이다.

한 국가를 세우는 데는 1,000년도 부족하지만, 망하는 데에는 단 하루면 족하다는 말이 있다. 카르타고와 120년간 길고도 치열한 전쟁을 벌인 로마는 세 번째 카르타고와의 전쟁에서 지중해의 패자 카르타고를 완전히 멸망시켰고 남은 주민들을 아프리

카에 강제 이주시켰다. 이 결과는 한 마디로 카르타고 위정자들의 정쟁과 사익 추구로 인한 내부 분열 때문이었다.

  반면에 로마가 전쟁에서 승리한 원인은 국민과 위정자들의 일치단결과 노블레스 오블리제 즉, 고위층과 위정자들이 도덕적 의무를 다 했기 때문이다. 어느 국가와 조직이든 흥망성쇠는 외부의 공격 때문이 아니라 내부의 기강이 무너지고, 코어 조직이 오만해진 후에 결국 몰락하게 되는 것을 역사에서 많이 본다. 특히 카르타고의 원로회 최고위원이면서 모든 특권과 특혜를 누리고 출세했던 귀족 아틀락티스의 배신으로 난공불락이었던 카르타고 성벽 도면과 지하수로 도면 등을 로마군에 팔아 넘겨 본인은 억만장자가 되고 카르타고는 영원히 멸망했던 사례를 볼 때 한 국가와 사회가 어떻게 몰락하는가를 실례를 볼 수 있다.

  그 나라의 정치 수준은 국민의 수준에 의해 정해진다고 했다. 한 국가의 흥망성쇠 책임이 위정자들에게만 있는 것이 아니라 일반 시민들에게도 있다는 국가흥망 필부유책(國家興亡 匹夫有責)이란 말이 생각난다. 나라가 어려워지고 국민들의 생활이 점점 더 힘들어지고 있다. 반목과 증오, 분열과 불의, 사리사욕, 내로남불의 시대를 종결 짓고 양보와 통합을 바탕으로 세계사에 기여하고, 빛나는 업적을 남기려면 또 하나의 "신 한강의 기적", "신한국의 기적"을 창조해야 한다.

그 첫 단계는 국회의원의 특권폐지와 전·현직 고위 판검사 및 전·현직 고위 행정관료의 전관예우, 범죄의 척결이다. 위정자들의 특권이 폐지되는 그날까지 국민 여러분들의 끊임없는 참여와 성원을 간절하게 부탁드린다.

[글쓴이] 이희규
헌정회 미래전략위원회 위원장
전 국회의원

나의 길, 우리의 길, 대한민국 특권폐지

우관영 (특본 공동대표)

돌이켜 보면 과거에 대한 추억이 그리고 특별한 기억이 별로 없었다. 물론 잘 자라준 아들들, 옆에서 나를 잘 지켜주며 나와 우리 가정을 돌보아 준 아내, 우연한 기회에 후계 육성 정책에 참여하여 농민 대표가 되어 도의원으로서 공직자의 삶을 살아 본 적도 있었던 것을 생각하면 개인적으로나 가정적으로나 사회적으로 나름 변화난측한 삶을 살아본 것도 같지만, 지역과 사회, 국가를 위한 나의 열정을 기준으로 보면 특별한 기억과 추억이라고 하기에는 미흡하게 느껴졌다. 그러던 중 2023년 올해 3월 장기표 대표님과 함께 하는 신문명 정책연구원의 운영위원이 되어 4월 16일 발대식 이후 '특권폐지운동본부'의 공동대표와 홍보단장이 되어 특권폐지운동을 하게 된 것은 60대 후반을 맞이한 나의 인생에 큰 변화를 가져 온 일대 전환점이라고 할 수 있다.

특권폐지운동은 사회 전반적인 문제라고 할 수 있지만, 우선 국회의원 특권폐지와 고위공직자 특권폐지, 법조인들의 전관범죄 척결을 주안점으로 두고 있다. 입법부와 행정부, 사법부를 아우르는 고위층들의 특권을 먼저 없애야 대한민국이 또 한 단계 업그레이드 된다고 볼 수 있다. 소위 국회의원 특권이든, 고위공직자 특권이든, 법조인들의 전관범죄 척결이든 그 뿌리가 되는 그들의 특권의 모태가 되는 권한은 어떻게 보면 그에 합당한 측면에서 시작된 부분도 있다. 그러나 지금 현재를 보면 186가지나 된다는 국회의원의 특권이든 고위공직자를 퇴임하고 고위공직자의 경험을 통해 부당하고 과도한 사적인 이득을 취하는 행위들, 법조인을 역임하고 퇴직하고 난 뒤 6개월에서 3년 내에 평생 벌어들인 수익이, 30년 가까이 받았던 봉급의 총량보다 수십 배에서 수백, 수천 배의 이득을 올리는 것들을 보면 후진국 대한민국이 아닌 선진국 대한민국의 기준에서 볼 때, 이러한 것들은 본래의 취지를 벗어나서 고질적인 범죄의 사슬을 만들어내고 있다고 할 수 있다.

이러한 국회의원 특권폐지, 고위공직자 특권폐지, 법조인들의 전관범죄 척결을 외치면서 6개월 남짓 광화문에서 여의도로, 전라도와 부산, 경남, 경북, 대구, 대전 등 전국을 누비고 다니면서 느낀 점은 특권폐지 운동이야말로 대한민국이 현재 나아갈 길이고 우리의 길이고 나의 길이라고 여겨졌다. 왜냐하면 각자 정당한 노력으로 정당한 이익을 가져가고 서로 나누는 것이 국가와 사회, 그리고 개인들 간의 신뢰를 높이고 그러한 시스템에서 시너지를 발생하여 모두가 보다 공정하고 합리적인 토대에서 행복을 누릴 수 있기 때문이다. 특권을 가진 누군가가 특권을 가지지 않은 대다수보다 불합리하게 이익을 많이 가져가는 사회에서는 개인 간의 신뢰를 얻을 수가 없다. 소위 지대추구라는 렌트쉬킹(lent seeking)을 혁파해야만 보다 더 나은 선진국으로 도약할 수 있다.

 대한민국이 선진국이 되기 위한다는 혹은 지대추구, 렌트 쉬킹이라는 이론이 아니더라도 광화문 거리를 필두로 해서 필자가 홍보단장이 되어 전단지를 배포하고 수많은 사람들을 거리에서 만나본 소감은 상식적으로 혹은 동물적인 감각으로 거리에서 만난 시민 대다수 모두가 호응하고 응원을 보내 주었다. 물론 처음에는 '특권폐지가 하루아침에 되겠느냐' 혹은 '무슨 귀신 씨나락 까먹는 소리냐'며 황당해 하거나 싸늘해 하던 분들까지 이제는 발대식이 있었던 4월 16일 이후 5개월 남짓 지났는데 놀라울 정도로 특권폐지에 대한 호응과 반응이 뜨겁다. 무엇보다 국회의원, 고위공직자, 법조인들의 특권폐지라는 단어는 마법의 지팡이처럼 지나는 곳마다 거의 99~100퍼센트 호응의 반응이 무섭도록 확산되고 있다.

 전단지를 나누어 주면서 거리에서 만난 분들, 조중동을 포함한 일간지 12군데에 특권폐지 운동본부의 대국민 홍보광고 이후 연락을 취해오는 수많은 분들을 보면 대한민국의 미래는 결코 어둡지 않다고 자신 있게 얘기할 수도 있고 또 한편으로는 더욱 노력을 해야겠다는 필요성과 의무감이 느껴진다.

최근 민주당과 이재명과 강성 지지자들의 이상 현상, 대통령실과 국민의힘 여당과 정부를 볼 때 국회의원과 고위공직자, 법조인들의 특권을, 부지불식간에 비판을 하면서도 당연시 여기는 생각도 버리고 국민만을 위한다는 시각을 가지게 된다면, 특권폐지라는 단어는 차기 총선과 지선, 대선을 넘어선 시대적 과제라고 할 수 있다.

새롭게 정치권이나 대한민국의 역사를 비추는 큰 인물이 등장하길 바라는 인물 위주의 정치보다 가치 중심, 그것을 제도화시킨 시스템을 만드는 것이 중요하다. 매일 싸우기만 하고 내로남불의 근원인 국회의원 300명 각자에게 특권이 없는 제도를 먼저 만들어서 국민을 향해 봉사하게 만들고 위선적이고 탐욕적인 인사들이 진입하는 당근처럼 보이기도 하는 국회의원 특권을 없애버리는 것이 선진 대한민국의 토대라고 생각한다. 솔직히 의원직은 열정을 가진 사람이라면 누구라도 할 수 있다고 생각한다.

특권폐지운동본부와 함께 하며 경기도 전역과 기타 지역, 그리고 전국의 국민 모두가 동참하여 전국민이 열광하도록 보다 많은 노력을 해야 되겠다는 생각과 함께 이 일이 국가와 사회에 꼭 필요한 부분이라 여겨지기에 오래전부터 특권폐지국민운동이 내 인생의 전환점이 된 것도 사실이다.

  대한민국의 모든 특권이 폐지되어 모든 사람들이 자유롭고 평등하게 되는 것이 나의 길, 우리의 길. 대한민국의 길이라고 생각하며 최선을 다한 파이팅이 우리 모두 서로에게 필요할 때라고 본다.

[글쓴이] 우관영
(사) 희망세상 농업포럼 대표
전 경기도의회 의원

노블레스 라블리주

우일식 (특본 조직위원장)

　노블레스 오블리주는 왕족이나 귀족들이 태어나면서부터 신분에 따른 각종 혜택을 받는 만큼 윤리적 의무도 다해야 한다는 프랑스 말이다. 그리스 신화의 안드로메다 공주는 괴물 고래에게 제물로 바쳐졌고, 트로이 전쟁에 나서기 위해 그리스 군은 총대장 아가멤논의 딸을 희생시키고 나서야 출정이 가능했다.
　노블레스 '라'블리주는, 'rob'이 강도질이라는 뜻으로 사회 고위층이 의무를 다하기는커녕 사회고위층이 앞장서서 강도질한다는 뜻으로 필자가 만든 합성어인데 국회의원 특권폐지, 고위공직자 특권폐지, 전관범죄 척결의 필요성을 강조하기 위한 말이다.

　국회가 대의제에 기반하여 국민을 대표하는 헌법상의 기관인데, 요즘은 진영논리에 기반하여 각자 진영을 대변하고 티비나 공중매체를 통하여 아예 대놓고 각자의 편을 위해 프레임을 씌우는 것을 넘어서서 거짓을 일삼는 것도 어제 오늘의 일이 아니다. 국민을 위해 봉사한다고 선거철에만 구호로만 외치고 공천을 위해 출세를 위해 파당을 일삼는 것을 근절하기 위해서는 국민이 나서서 국회의원의 특권을 없애야 한다. 일하는만큼만 권한을 주어야 하고 렌트추구를 일삼는 이들의 공직으로의 진입을 저지시키기 위해서라도 특권을 없애는 것이 시대정신이라고 생각한다.

고위공직자의 특권폐지는 국회의원의 특권이 입법의 측면에서 법조인의 전관범죄 척결은 사법적이고 개인적이지만, 고위공직자의 특권은 행정이라는 측면에서 대규모 대량 예산을 수반하는 경우가 많아서 그 문제의 크기가 훨씬 더 심각하다. LH공사의 전직 임원들이 공사비를 횡령하기 위해 철근을 적게 공급하여 생긴 순살 아파트의 문제는 빙산의 일각이고, 고위 공직자가 되기까지 알게 된 공직의 기밀과 공직의 의사결정에 개입이 용이한 전직들의 특성을 이용하여 각종 행정 결정과 입법에 영향을 끼치는 로비를 활용한 고위공직자들의 특권은 마땅히 폐지되어야 한다.

전관예우 혹은 전관범죄는 질적으로 가장 심각한 문제이다. 판사 검사를 하면서 고위 법조인 이 된 후 변호사로 전환하여 6개월 혹은 몇 년 안에 수십억 수백억의 이익을 얻는 것을 당연시하는 전관예우가 있다는 것을 알고 당연시 하는 문화가 있다는 것은 현실이다. 그런데 그러한 법조인들의 전관예우는 법조 상대방이 있고, 유전무전 무전유죄를 양산시키는 심각한 문제이다. 사회의 신뢰를 깨뜨리고 심각한 사회적 비용을 치루게 하고 사회적 불신과 균열을 꾀하는 심각한 범죄라 할 수 있다.

대한민국이 선진국으로서 4대 강대국 이내로 진입하고 안착하기 위해서는 입법부, 행정부, 사법부 즉 국회의원, 고위공직자, 법조인의 특권을 폐지하고 그것을 법률로 정해서 제도화시키는 장치가 선행되어야 한다. 국회의원 선거와 대통령 선거가 한 달 사이에 일치하는 2032년 정도에는 헌법까지 개정하여 선진 대한민국의 백년지대계를 수립해야 된다고 생각한다. 그러기 위해서는 출세만 하며는 고시만 합격하며는 고위층만 되고 나서는 그 정도의 특권과 특혜는 누려야 한다는 혹은 누리는 것을 목적으로 하는 사고방식의 개혁이 필요하다. 그러지 않고는 사회지도층 인사일수록 높은 교육을 받고 많은 권한을 가질수록 강도질을 일삼는 노블레스 라블리주의 범주를 벗어날 수가 없다. 홉스의 만인의 만인에 대한 투쟁이라는 인간상을 전제하여 제도를 다듬고 보완하는 것은 필요하지만 사회지도층의 부조리한 행태를 합리화시키는 것은 근절되어야 한다. 모든 권력은 모든 국민으로부터 나오기 때문에 모든 권력은 모든 권력의 근원이 되는 국민을 위한 권력으로 사용되어야 하고 개인의 사적인 이익을 위한 행위는 가장 심각한 범죄로서 척결되어야 할 것이다.

한바탕 꿈과 같은 한 인생을 허망한 욕구와 욕망의 난투장이 아닌 인간의 인격과 개인의 자아실현을 위한 수련장으로서 모두의 꽃을 피우기 위한 곳으로 가꾸기 위해서는 노블레스 라블리주가 아닌 노블레스 오블리주, 사회지도층 인사들의 솔선수범이 필요하고 그 반대가 되는 고위층 인사들은 엄중히 처벌되어야 한다. 티비나 공중매체에서 대놓고 거짓을 일삼는 요즘 행태를 볼 때 대한민국은 지금 중학교 2학년 중이병을 앓고 있는 정치적 사춘기의 시절이라고 볼 수도 있는데, 2027년 대선쯤에는 성숙한 고2 수준의 사춘기, 2032년에는 어엿한 성년으로서의 정치문화가 경제력에 걸맞는 수준에 올라오길 기대한다. 그러기 위해서는 지금 현재 대한민국의 시대정신으로서 가장 필요한 것은 국회의원과 고위공직자와 법조인의 렌트쉬킹, 지대추구를 없애는 특권폐지가 필요하고 전국민 차원의 특권폐지운동이 필요하다.

[글쓴이] 우일식
특권폐지국민운동본부 조직위원장
전 국민의당 디지털소통위원장(제3부총장)

국회의원 특권 폐지를 위한 헌법소원

이동호 (특본 법률위원장)

정치자금법에 따르면 국회의원은 연간 1억 5000만원이 넘는 세비 외에도 1억 5000만원의 정치후원금을 모금할 수 있고, 총선과 대선·지방선거가 있는 해에는 후원금을 2배로 모금할 수 있다. 이를 법률로 허용해 준 것은 국회의원들만 몰래 누리는 '법의 가면을 쓴 특권'이 아닐 수 없다.

이처럼 법의 형식을 띤 특권을 폐지하는 방법은 바로 그 법을 개정 또는 폐지하는 것이다. 그러나 입법권을 가진 국회의원이 특권의 주체이기 때문에 이들이 스스로 법을 개폐할 것을 기대하긴 어렵다. 그래서 특권폐지운동 같은 국민운동으로 국회의원을 압박하거나 헌법소원을 제기해 위헌 판단을 구하는 방법이 현실적으로 가능한데 마침내 이 두 가지가 현실화되고 있다.

우선 고위공직자 특권폐지 국민운동에 대한 호응이 점점 커지고 있다. 이 운동의 상임대표를 맡은 이는 장기표 신문명정책연구원장, 최성해 전 동양대학교 총장과 박인환 변호사이다. 50년째 재야 운동을 이끌고 있는 장기표 대표가 어떤 사람인지에 대해서는 긴 설명이 필요하지 않을 것이다. 최성해 전 총장은 조국 전 법무부장관의 부인 정경심 씨가 재직한 동양대 총장 시절에 조국 씨 부부의 동양대 표창장 위조 행위를 비호하지 않고 위조된 것임을 밝혀 세상에 알려졌다. 총장직 사퇴라는 불이익을 감수하면서도 진실을 밝힌 것이다. 박인환 변호사는 전직 검사 출신이면서도 법조계 전관예우 철폐를 주장해 온 양심적 법조인이다.

이런 양심 인사들이 주도한 운동이 공식적으로 출범한 4월 16일 광화문 출범식에 1000명 시민이 호응했다. 5월 31일에는 여의도 국회의사당 앞에 수천 명 시민이 모였고 서로 손을 잡아 의사당 주변 2km를 '인간 띠'로 포위하여 국회의원 특권폐지를 압박하는 퍼포먼스를 시도하기도 했다. 하지만 스카이데일리를 제외한 주류 언론에는 이런 것이 단 한 줄도 보도되지 않았다. 특히 광화문 시위는 동아일보와 조선일보사의 코앞에서 벌어진 일인데도 말이다.

그러나 지난 달 14일 국회의원 특권의 핵심인 정치자금법에 대한 헌법소원이 제기된 이후 상황이 반전됐다. 선거 있는 해에는 2배로 후원금을 모금할 수 있게 한 정치자금법에 대한 헌법소원을 제기로 주류 언론도 관심을 갖기 시작한 것이다. 우선 조선일보가 7월 18일 특권폐지운동본부의 장기표 상임대표를 인터뷰('많은 특권 가지고 정치도 일도 안 해, 불체포 등 186개 내려놔야')하면서 장기표 대표의 입을 빌려 이 운동을 자세히 소개했다. 장기표 대표는 '특권 폐지 문제는 우리 사회 기득권의 카르텔을 깨는 사안으로서 특권을 폐지하는 것이 바로 민주화 운동'이라고 강조했다.

8월 3일에는 동아일보 이정민의 퍼스펙티브에 '파격적 특권 포기한 정당이 총선서 지지받을 것'이란 칼럼이 게재되었다. 앞서 조선일보가 인터뷰를 빌어 운동을 소개했다면 동아일보 칼럼은 한 걸음 더 나아가 특권폐지의 당위성을 역설한 셈이다. 칼럼은 국회부의장이 보좌진도 없이 손수 커피를 타서 방문객을 대접하는 나라 스웨덴에서 법인카드로 초콜릿을 샀다는 이유로 부총리가 퇴진한 사례를 소개하면서 한국의 국회의원 특권을 비판했다. 또한 이번 헌법소원을 소개하면서 무려 186개나 되는 특권을 누리고 국민소득 대비 세계 최고의 보수를 받으면서도 선거공영제라는 명분으로 15% 이상 득표하면 선거비용 전액을 돌려받아 2배로 모금한 후원금까지 고스란히 남기는 부조리를 비판했다. 정당의 특권도 지적했는데, 선거 전에 미리 선거보조금을 받고 선거 후에는 비용을 또 보전받는 기막힌 '선거테크'로 정당은 선거를 치를 때마다 재산을 불린다는 것이다.

국회의원과 정당은 선거 때마다 특권 폐지를 외치기는 하지만 득표 전략에 그칠 뿐이었다. 특권 폐지의 단골 사례인 불체포특권이 그렇다. 지난 대선 때 이재명 민주당 후보의 공약이었지만 정작 체포영장이 청구되자 민주당과 이재명 대표는 보란 듯이 체포동의안을 부결시켜 버렸다. 그러고는 민망했는지 혁신안이라면서 불체포특권 포기를 서약했다. 그러나 '정당한' 영장에 대해서만 포기하겠다는 황당한 단서를 달았다. 법원이 판단할 '영장의 정당성'을 국회의원들이 판단하겠다는 것은 삼권분립을 부정하는 반헌법적 행태가 아닐 수 없다. 심부름꾼 임무를 망각한 특권 국회에 대해 국민의 심판이 내려질 때가 되었다고 보고, 그런 의미에서 내년 총선을 앞두고 사회적 이슈로 떠오른 국회의원 특권 폐지 운동에 주목해야 할 필요성을 강조했다.

이번 헌법소원에는 문병호, 이희규 전 국회의원과 헌법연구관 출신인 황도수 건국대 교수 그리고 필자도 당사자로 참여하고 있다. 다른 정치인과 달리 현역 국회의원이라는 이유로 국회의원 총선거 시에 3억 원까지 후원금을 모금하고 또 선거 후 전액 보전을 받아서 후원금을 고스란히 남길 수 있게 한 정치자금법은 평등권 위반 소지가 매우 크다. 나아가 자신이 출마하지도 않고 선거 비용을 쓸 수도 없는 대통령 선거와 전국동시지방선거 때에도 2배로 후원금을 모금할 수 있게 해준 것 역시 과잉금지원칙 위반 소지가 크다.

헌법소원 인용을 낙관할 수는 없다. 국민의 대표인 국회가 제정한 법을 위헌 무효 선언하는 헌법소원은 요건이 매우 까다롭기 때문이다. 그러나 최고 사법기구의 판단을 구하는 시도 자체에 큰 의미가 있다고 본다. 국회의원 특권 폐지가 내년 총선에서 중요한 쟁점이 되어 정치 개혁을 이룰 수 있기를 기대한다.

[글쓴이] 이동호
변호사. 한국주민자치중앙회 자문변호사.
대한변호사협회 대의원, 조사위원.
시사저널 차세대리더 법조분야 선정(2022)

특권 폐지를 위한 제언

정종암 (특본 공동대표)

태초에 우리 인간은 어땠을까? 내 것, 네 것이 구분 없는 공존의 세상이었다. 신이 창조한 세상은 온갖 짐승과 벌레와 인간이 공존하는 무탐욕(無貪慾, ungreedy)의 세계이자, 탐욕이 득실거리거나 침범하지 아니하는 무주물(無主物, Res nullius)의 상태였다. 누가 누구를 지배하거나 갑질(甲-)이 없는 평화로움이 넘쳤다. 더구나 세상은 창조주 하나님의 땅이었다.[6]

인류의 탄생에 있어 이해 불가의 특이한 서사(敍事)도 많지만, 태초에는 아마도 네 발로 천지를 헤맸을 듯하다. 이러했던 게 수렵·채취의 생활에서 농경생활로 발전하면서 직립보행을 하게 되었고, 이때부터 부족사회로 발전하게 되면서 이웃의 땅을 빼앗고 지배하면서 세력을 확장하는 전철을 밟게 된다. 따라서 온전하지는 않지만, 국가 형태의 연맹체인 부족연합에 이어 국가의 단계로 발전한다. 따라서 전 인류를 위해 함께 보존하고 관리하

---

6 정종암, 토지공법연구 제99집, 『토지의 공공성 강화에 관한 연구』, 한국토지공법학회, 2022.8. 237면 참조.

는 보이지 않는 개개인의 책임이 있다. 이쯤에서, 아니 훨씬 이전부터 창조주의 뜻을 배반하면서 인간 간의 착취로 이어진다. 이러한 부정의로 인해 뜻있는 개혁적인 리더(指導者, Leader)가 나타나면서 저항의 선봉에 선다.

고대 그리스와 로마 시대의 농지개혁, 4세기 로마 교부(敎父, Father of the Church)들의 저항, 11세기 말 영국에서의 삼림 헌장, 하나님이 하사한 땅(the land of God)의 공유화에 불을 지핀 헨리 조지(Henry George)나 《유토피아》의 토마스 모어(Thomas More)를 비롯한 시대 상황마다 사상가들이 나타나기 시작한다. 덩달아 불의에 못이긴 민중 또한 저항하게 된다. 21세기를 걷는 작금의 대한민국에서, 뜻있는 민중들도 국회의원 및 고위공직자의 특권을 폐지하고, 정의로운 세상을 갈구하며 나섰다. 마치 프랑스 시민혁명의 전야(前夜)처럼 말이다.[7]

프랑스혁명 때 성난 민중이 왕궁을 습격했듯이, 더는 이들의 오만방자한 행태를 볼 수 없어 지난 5.17자에 1만여 명의 민중

---

[7] 나폴레옹법전을 제정하기에 이른 프랑스혁명은 부르주아혁명(이른바 계급으로서의 시민혁명)만이 아닌, 전 국민이 자유로운 개인으로서 평등한 권리를 쟁취하기 위한 넓은 의미를 포함하는 혁명이라는 점이다. 그 당시 성직자·귀족 등 특권적인 신분, 면세 특권은 물론 높은 관직과 막대한 토지 독점구제도의 모순 비판에서 발생했다. 따라서 필자도 2023.4.16. 발족식을 가진 특권폐지국민운동본부의 발기인으로 참여한 이 저항도, 이와 크게 다를 바 없다. 힘센 자들의 특권과 그들만의 카르텔은 도를 넘었기 때문이다.

이 운집한 가운데 국회를 에워싸는 '인간 띠 잇기'까지 갔다. 근동(近東)의 사막 속 고대도시였던 팔미라(Palmyra)[8] 장수들의 "로마로부터 독립하자. 명령만 내린다면 로마를 물리치겠다."는 탄원문에서 처럼 강한 의지가 표출되었다.

이는 힘센 자들과 정책입안자들이 공익보다 사익에 앞선 데에서 기인한다. 한마디로 이들이 '함께한다는 공존의 늪'을 뒤엎었기 때문이다. 따라서 급변하는 현대사회이지만, 유별나게도 작금의 우리 사회는 도덕성과 윤리성이 땅바닥에 내던져진 오물이나 시궁창을 연상하게 한다.

빈자는 '힘센 마법사'[9] 나 '능력이 출중한 마법사'와 동화되지 못하고 있다. 인간의 야망이나 욕망은 분쟁을 초래한다. 마키아벨리에 따르면 자연이, 신이 인간을 창조할 때, 모든 것을 가지고 싶어 하면서도 아무것도 손에 넣을 수 없도록 한 것도 그 때

---

8 세계 최초의 도시 다마스쿠스가 수도인 현 시리아 중앙부에 있는 고대의 도시유적지이다. 1~3세기 로마 속령의 상업중계도시로 260년경, 오다에나투스(Odaenathus,)가 독립왕국을 창시했다. 272년, 로마의 아우렐리아누스에게 함락되어 '아라비아의 클레오파트라'라고 일컬어지는 미모의 여왕이었던 제노비아(Zenobia)는 로마에 연행돼 사망했다.

9 정종암,『부동산정의론: 출발선이 공정한 나라』, 경진출판, 2022., 183면 각주 참조.: 존 스켈턴(John Skleton)경의 1867년 디즈레일리 스케치에서 따온 말로, 빈자나 하층민은 어느 시대를 막론하고 마법사가 될 여지는 없었다. 이들은 요즘 회자되는 '금수저나 다이아몬드 수저'와 '흙수저나 똥수저'와 대비되기 때문이다.; 정종암, 앞의 책, 1~2장 참조

문이다. 원하는 걸 모두 얻을 수 있는 힘보다 원하는 욕구가 언제나 훨씬 크기 때문에, 결국에는 자신이 가지고 있는 것에도 스스로 만족하지 못할 뿐만 아니라 오히려 불만을 느끼게 된다. 이러한 욕망, 더 나아가 탐욕은 분쟁에 이어 전쟁으로까지 치닫는다. 태초에는 탐욕을 제어하는 기준이 있었다. 즉 구약성서 가운데 토라(Torah)[10]의 613개 율법 조항이다.

국민연금이 국회의원 휴가비보다 적은 나라에 사노니

국민 10명 중 6명이 여름 휴가는 언감생심이다. 이러한데도 대한민국 사기꾼 중에서도 고등사기꾼집단[11]인 국회의원은, 궁민(窮民)은 안중에도 없이 연 2회에 걸쳐 828만 원을 받아 챙긴다는 사실에 울분을 토하지 않을 국민은 없을 것이다. 그건 국민의 세금이다. 이들이 삼복더위에 "엄마! 휴가는 못 가도 켄터키치킨이나 사달라"고 외치는 한 가정의 아들이나 보듬을 줄 알까? 올해 대홍수에도 수재의연금을 각자 20만 원밖에 내놓지 못하는, 그들에게 긍휼의 미학(the aesthetics of compassion)[12]을 기대하기는 어렵다.

---

10 유대교에서 아주 중요한 문서인 모세오경을 말한다. 구약성서의 첫 다섯 편인 창세기·출애굽기·레위기·민수기·신명기를 일컫는다.

11 정종암, 앞의 책, 20·128·349면 참조.

12 정종암, 앞의 책. 27·459~461면 참조. 본 용어는 필자가 고안한 신조어로, 활자화도 최초임.

여의도 샛강 돔형 지붕 아래에서 군림하는 이들의 휴가비는, 서민들에게는 1년 생활비를 방불케 하는 아주 큰 액수이다. 그러함에도 껌값 정도로 생각하는 철면피 행각을 잘 보자. 민주화와 산업화에 기여한 공로에도, 더러는 한국전쟁과 베트남전쟁 참전도 불사한 노인세대에게 지급되는 기초연금은 월 32만 원x12개월 합 연 384만 원이요. 국민연금은 월 수령액 2022.12. 기준 월 58만 원x12개월 합 년 696만 원, 그리고 기초생활수급자 1인에게 지급하는 금액도 연 696만 원과 같은 현실에 비춰볼 때, 연 휴가비 828만 원이 적다고 할 수 있겠는지 깊은 성찰이 필요하다는 점이다. 더구나 국민이 낸 개개인의 세금에서 지급한다는 사실이다. 이뿐이겠는가? 정책자료 발간과 홍보물 인쇄 비용이 연 1,200만 원과, 이를 발송하는 우편료까지 연 755만 원 지급과 함께, 의정활동 홍보를 위한 문자 메시지 비용까지 연 700만 원이 더 지급된다. 이런 것까지 지급해야 할까?

이 정도로 낯간지러운 도덕불감증 (道德不感症, moral hazard)에 빠져있다는 사실이다. 이들에게 선량(善良, good)을 기대할 수 없는 특유의 고등사기꾼이 아닌 바에는, 어떤 미사여구로도 칭송할 수 있는 단어조차 없다. 이러함이 수면 아래 잠자는 듯했지만, 더는 안 된다는 공감대 형성이 국민에게 가일층 높아지고 있다. 더러는 이러한 나쁜 짓을 하고는, 창조주 하나님과 예수를 찾기도 한다. 인류 최고의 야누스 중의 야누스 행각이다.

중동의 사막 속 시내산(Mount Sinai) [13]의 모세의 영혼이 울겠다.

또 다른 그들의 눈 뜨고 볼 수 없는 단면을 본다. 알랑방귀를 뀌면서 공천권을 따내 험지도 아닌 텃밭에서 배지를 단, 초선인 어느 여성의원의 SNS상 사진을 보노라면 가관이다. 늙은 지방의원을 끌어모아 회의한답시고 전제정치의 군주인 양 상석에 앉아 있거나, 현장지도랍시고 유신헌법 하의 박정희 대통령처럼 손가락으로 하늘을 찌르는 꼴값하는 모습이 포착된다. 고등사기꾼인 국회의원이나 영혼 없는 대한민국 공무원과는 숨통이 멎는 발작이 있기에, 매사 부딪치지 않으려는 내가 언젠가 모 여성의원 사무실을 방문하게 됐다. 노이즈마케팅에도 능한 전자의 그녀와는 다른 면모를 보였다. 그녀는 셋이 간 일행을 상석에 앉아서 대하지 않았다. 그리고는 사무실 밖에서까지 배웅함은 물론, 보좌진까지 일어서서 인사를 했다. 아니나 다를까. 후자의 여성의원은 국회의원 특권을 내려놓겠다는 운동에 동참한 7명의 의원 중 한 명이다. 전자의 여성의원과는 달리, 거수기 역할을 떠나 자기주

---

13 시내산은 모세가 하나님에게서 십계명을 받은 중동지역에 있는 성지이다. 필자가 '한국적만의 크리스챤(?)'은 거부하나, 하나님이 하사한 '땅(토지)의 역사'를 연구차 올 6월에 다녀온 바 있다. 소재지는 사나이반도에 있는 이집트와 아라비아반도의 사우디아라비아인지 분명치 않으나, 후자에 무게를 둔다. 그러나 시내산이라고 보여지는 사우디아라비아는 기독교를 섬기지 않기에 거의 폐쇄돼 있다.

장도 소신껏 펼친다. 후자와 같이 세비를 받을 자격이 출중한 고졸로서의 입지적인 여성의원도, 그 7명 중에 있음에 세비가 아깝지 않고 찬사를 보내고 싶다.

거대정당의 대표를 지낸 전 의원이 그를 따르는 지인이 국회의원 선거에 출마를 벼르자 "돈 있냐? 변호사자격이 있냐? 박사냐?"고 일갈했단 게 회자된다. 이에 나는 SNS에서 "대한민국 정치판, 돈이 정치를 만들고 정치인을 만든다. 또한 정치가 돈을 만든다. 그런 후 반벙어리 삼룡이도 1년쯤 지나면 달변가가 된다. 그러면서 대한민국 고등사기꾼집단에 편입된다. 그들의 이익공유 카르텔 말이다."고 내뱉었다. 이건 내 경험칙과 현실이다. 이 말이 맞지 아니한가? 돈이 없거나, 변호사가 아니거나, 박사학위가 없으면 넘볼 수 없다는 뉘앙스다. 굵은 떡고물과 산해진미가 넘치기에, 이러한 자들이 국회에 입성하려고 혈안이다. 아주 간교하고 잔학한 이익집단인 이들은, 그릇된 삶임에도 엘리트란 착각에 빠진 채, 책 한 줄 안 읽기에 덩달아 인문학 부재 현상을 낳는다.

인도의 카스트제도가 상륙한 양, 특권을 누리는 군상(群像)은 또 있다. 총체적인 부정의가 판치기에 다 나열할 수 없으나, 몇 가지만 보자.

첫째, 정의를 상징하는 디케(Dike) 여신에게 뺨을 맞고도, 양심의 가책을 느끼지 못하는 법조인의 전관예우다. 법원이나 변호사회관에 가면 저울을 들고 있는 동상의 주인공이 바로 제우스의 딸이다. 이 정의의 여신상 앞에서 정의로운 법조인이 되겠다고 다짐하지만, 50억~100억 원을 쉽게 받아 챙겨 지탄을 받고 있다. 바로 '유전무죄 무전유죄'(有錢無罪·無錢有罪)[14] 란 조어(造語)를 탄생시킨, 세계에서 부패지수가 높기로 유명한 법조(法曹)의 현실이다.

둘째, 법조를 떠나 고위공직자나 공기업 고위직들이 습득한 정보를 빼내 부동산투기를 일삼거나, 퇴직하고도 전관예우로 다시 재취업하는 경우다. 한번 잡은 감투는 거의 죽을 때까지 거머쥐는 불공정성이다. 한마디로 '요람에서 무덤까지' 특권을 누린다. 야당 혁신위원장[15] 의 예에서도 잘 나타나고 있다. 약 1,200억이

---

14 이른바 '대장동 50억 클럽' 전 특별검사 박영수가 2023.8.4. 구속·수감 되었다. 1988년 10월 8일, 영등포교도소에서 대전·공주교도소(치료감호소) 등지로 이감 도중, '지강헌'을 포함한 12명이 교도관을 제압하고 서울로 잠입한 탈주 사건이다. 그 당시 악명높은 사회보호법(1980년 제정, 2005년 폐지) 때문에 형기 7년을 채우고도, 무려 10년을 더 보호감호처분을 받아야 했다. 그 당시 화폐가치로 560만 원어치 절도를 저지른 지강헌은 합 17년을 복역하는 셈이었던 반면, 76억 원을 횡령한 전경환(전두환의 제)은 겨우 7년(3년 남짓 복역)을 선고함에 있어, 그 형평성의 불만 속에서 탈옥한 것이다. 당시 초등학교만을 졸업했지만 똑똑해 보였던 지강헌의 요구에, 비지스의 홀리데이(Bee Gees-Holiday)를 경찰이 급히 전달하는 촌극이 벌어지기도 했다.

15 국민일보 2023.8.3.자. '尹 밑에서 치욕' 김은경에 "연봉 3억 다 챙기고 망

투입된 새만금 세계스카우트잼버리(World Scout Jamboree)대회의 성공적 개최를 위한 핑계로 99회 외유성 출장은 빙산의 일각이다.

셋째, 산학협동 협약 연구비를 제 돈 쓰듯 펑펑 쓰거나, 횡령하는 파렴치한 일부 장사치 교수들이 있다. 교수란 타이틀 아래 연구는 뒷전인 채, 어디든 들이대 감투를 얻기에 혈안이다. 이러한 교수가 있는 대학도 공범으로, 예산을 따옴에 인센티브를 지급하면서 비리를 알고도 쉬쉬하는 현실에 처해있다. 내부고발이 없어 속수무책이다. 넷째, 의사들의 집단이기주의와 갑질도 문제다. 국민의 건강과 생명을 다룬다는 점에서 합당한 보수는 주어져야 한다. 하지만 국립대학교 의과대 정원이 평균 96명으로, 일본이나 서구에 비해 턱없이 부족한데도 17년간이나 이들이 증원에 반대하고 있다. 언제까지 이들의 특권에 눌린 채 살 것인지 암담하다.

어쩌랴! 아무것도 남김없이 가는 저승길인걸

시인 백산(栢山)은 우리네 삶을 이렇게 읊었다.

발"; 세계일보 동년. 8.7자. "정권 교체 후에도 연봉 3억 원의 금융감독원 부원장 직 임기는 지켜온 처신 또한 위선적"이라고 주장했다. 1,500만두 애견은 꼬리를 살랑살랑 흔들면서 각각의 주인에게 충성한다. 그러나 국회의원은 주인인 국민에게 충성은커녕, 특권만을 누린다. 가히 염라대왕조차 탐낼 노릇이다.

"천년을 살 것처럼/날뛰는 인생아/우리, 어디쯤 가고 있느냐/벌써 중년의 고비를 넘고 있는데// -중략- 우리네 삶이 멀게만 보였지만,/벌써 여기까지 왔네//화살처럼 스쳐가는 순간적 삶인지/알면서도 망각하는 우리네 삶에/그렇게도 허우적거리지 말게나//탐욕도 부질없는 것일세/끝없는 소유가 아름답고/진정한 행복만이 아니란 걸 알게나/우리들 인생, 찰나에 끝나는걸/천년을 살 것처럼 날뛰는 인생아."

그렇다. 영생(永生, eternal life)이 있다고 한들, 이 세상의 약자를 죽이면서까지 탐욕에 찬 자들이 애지중지하는 처자식은커녕 부와 권력을 그 세계로 인도할까? 니체의 공상적 관념인 영원회귀(永遠回歸, Ewige Wieder-Kunft)도 아니다. 인생은 짧다. 오렌지색 석양을 발하는, 누구나 예외 없는 생의 종착역은 온다. 그 종착역인 하데스(Hades)가 지배하는 세계까지 건너 주지 않는, 문전박대를 당하는 게 우리들의 삶임을 깨닫자. 성경을 차용하지 않더라도, 같은 인간으로서 긍휼(矜恤, mercy)의 자세를 가져야 한다. 따라서 이승에서 현직만으로도 성공한 것 아닌가? 노블레스 오블리주(noblesse oblige)까지는 아니더라도, '양상군자(梁上君子)'의 삶은 배척하자. 초야에 묻힌 내가 만약에 국회의원이나 고위공직자면, 국고를 아끼며 국민에게 군림하지 않는 각 가정의 애완견처럼 맹세코 충성스러운 '국민의 개(국개, 國

犬)'가 되겠다. [16] 도둑질은 거두라. 그 위치에서의 명예만으로도 충분하다. 밥 굶지 않는다. 탐욕의 카르텔을 허물라. 부정의(injustice)한 특권을 내려놓고는, 정의로운 세상으로 갔으면 한다.

[글쓴이] 정종암
한국토지공법학회 이사. 연구인/평론가/저술가
《부동산정의론》저자. 법학박사

---

16 정종암, 갑을정변2015대한민국, 삶의출판, 2015, 26면.

국민의 명령이다. 특권을 폐지하라!

정창옥 (특본 운영위원)

특혜 없는 특권

"~ 모두의 기억에서 지우는 형벌에 처한다."

이탈리아 베네치아 산마르코 광장엔 두칼레궁전이 있다. 이곳에 세계 최대규모의 대회의실이 있는데 상단 벽면엔 역대 수상들인 '도제' 120명의 초상화가 그려져 있다. 그러나 55번째 한 군데만 초상화가 아닌 글자가 적혀져 있다. 검은 수의로 덮힌채 쓰여진 라틴어다.

'Hic est locus Marini Faletro decapitati procriminibus. (참수형을 당하고 모두의 기억에서 지우는 형벌에 처한다)'

바로 기억말살형(damnatio memoriae)에 처해진 도제 '마리노 팔리에로'의 초상이 있어야 할 자리다.

'팔리에로'는 청년시절 정치에 입문해 해군사령관, 외교관, 검찰총장 등 입법, 사법, 행정의 요직을 거친 후 국가원수 자리인 '도제'에 오른 정치가였다. 그런 그였지만 베네치아 지배계층인 귀족들에게 불만이 많았다. 그리고 파티에서 한 귀족 아들이 자신의 부인을 모욕했는데도 귀족이란 이유로 처벌을 면하는 것을 보고 분노가 일었다. 그리고 1355년 80세 고령으로 도제에 오른 직후, 민중폭동을 선동하여 계엄령을 선포해 공화정을 폐지하고 군주제로 체제변혁을 시도했으나 배신자에 의해 쿠데타 음모가 발각된다. 11명의 쿠데타 공모자들은 산마르코 광장에서 교수형을 당한다. 팔리에로는 평생동안 국가에 대한 봉사와 공헌을 고려해 형이 감면될 수 있었지만 오히려 참수형을 당한다. 누구에게나 똑같이 적용되는 베네치아 법(法) 때문이었다.

베네치아는 유럽은 물론 비잔틴제국과 아프리카 이슬람, 나아가 고대 그리스의 역사와 문화를 꿰뚫어 볼 수 있는 창문이었다. 인구 10만명에 불과한 베네치아가 500년간 지중해의 패권국가가 될 수 있었던 것은 모두에게 똑같이 적용된 법의 지배였다. 1215년에 제정한 영국의 마그나 카르타가 있었다면, 그보다 20년 앞선 1195년에 제정된 베네치아 법은 마그나 카르타보다 더욱 촘촘하고 모두에게 평등한 법치였다. 특권층이 많을수록 통제 불가능한 사회로 간다는 것을 이미 천 년 전에 깨달은 것이다. 베네치아는 법과 규범에 저항할수록 더 무거운 벌을 내렸다. '팔리에로'는 처형당한 뒤 목이 잘리고 사지가 찢겨지는 능지처참형에 처해졌다. 공화국을 수호해야 할 절대적 위치에 있어 책임이 더 컸던 것이다.

하늘이 내린 특권 - 양반

"야비함을 참고 스스로 가난한 처지를 말하지 않고, 손에 돈을 만지지 말고 쌀값을 묻지 말고, 노름을 하지 말 것이다." 박지원의 양반전에 나온 글이다. 하지만 양반들은 그러지 않았다. 철저히 봉건질서를 유지하고 지배계층으로 군림했다. 권력과 재력을 독식하고 부역과 군역(예비군훈련), 군포(국방세)를 면제받고 대를 이어 재산을 축적했다. 조선왕조 500년 동안 왕(王) 다음으로 높은 신분이 양반이었다.

비단옷과 가죽신은 양반의 전유물이었다. 돈 만지는 것을 불결하게 여기지만 실상은 상인들의 뒤를 봐주고 뒷돈을 챙겼고 소작농들의 등골을 빼먹는 서민착취범들이었다.

1392년 조선 건국 직후 1등 공신 18명중 고려 세습양반 출신은 15명이고 신흥 사대부는 3명에 불과했다. 안동 권씨, 황려 민씨, 파평 윤씨, 문화 유씨 등이 고려왕조의 주요 가문들이었다.

조선시대 518년을 통틀어 과거시험인 문과시험 합격자는 1만 4,600명인데 합격자를 배출한 가문은 모두 650개 가문이었다. 그리고 36개 가문의 합격자는 53%에 달했다. 과거제도 자체가 기존의 양반신분을 유지하고 백성들의 신규진입을 막는 장벽이었던 것이다.

부모님과 조부모는 물론 조상이 누구인지를 세세히 조사했던 조선은 정기적으로 4대조의 호구조사를 실시한 세계 유일한 나라였다. 그 촘촘한 호구조사에서 빠져나갈 천민과 노비는 없었다.

　1400년대 세조시대 한명회는 도망노비를 100만명으로 잡았다. 조선 전체 인구 800만명의 13%였다. 300만명에 이르는 노비의 3분의 1이 도망친 것이다. 영조대왕이 도망노비를 추적하는 추노를 금지하고 노비에게 군역을 부과하자 노비수가 줄어들었다. 반대로 세종대왕은 노비 확산정책을 펼친 왕이다. 세종은 노비와 양민의 결혼을 허용했는데 그 자식들은 모두 노비가 되었다. 두 번째로 주인 양반의 불법행위에 대한 신고를 금지했다. '인간에 의한 인간의 착취'를 법으로 허용한 것이다.

　양반들은 그 권세를 노비의 수로 증명했는데, 1494년 홍문관 부제학 이맹현은 노비 757명을 자손에게 상속했다. 퇴계 이황도 다섯 자녀에게 노비 367명을 상속했다.

　임진왜란 때 한양인구는 12만명이었는데 이중 절반이 노비였다. 1458년 '경국대전'에 의한 노비의 공정가격은 저화(楮貨)기준 4,000장이었다. 이는 쌀20석=면포40필=엽전100냥=말1마리=660일의 노동일과 같은 가치였다. 1년은 365일이기 때문에 아무리 일해도 '660일의 가치'를 채울 수 없었다. 평생을 일해도 밑지는 인생이었다.

　양반이 죄를 지으면 그 집 종이 대신 죄를 받고 처녀를 겁탈해도 무사했다. 양반들의 착취와 수탈로 체념한 백성들은 깊은 산속으로 들어가 화전민과 떼강도가 되었다. 신분은 세습되고 심지어 양반족보를 팔면 평생을 먹고사는, 양반에 의한 양반을 위한 양반의 특권세상이었다. 노비를 벗어나는 길은 추노꾼에게 잡히지 않고 도망가는 것뿐이었다.

인민을 갈취하는 특권

2009년 중국 후베이성 어느 작은 사우나에서 여종업원 샤오이가 허드렛일을 하고 있었다. 말이 사우나지 그곳은 여성에게 마사지를 받으며 성을 파는 불법 성매업소였다. 샤오이는 아가씨들과 손님들에게서 나온 구역질나는 빨랫감들을 처리하고 사우나실 내부를 깨끗하게 청소하는 파출부였다.

샤오이에게 사랑하는 남자가 있었으나, 그는 공무원이자 유부남이었다. 그 공무원의 아내가 남자들과 찾아와 샤오이를 괴롭혔다. 샤오이는 밖으로 나와 트럭기사의 도움으로 도망치다가 도로를 막고 통행세를 빙자한 갈취를 하는 공무원들과 맞닥뜨렸다. 트럭기사가 항의했으나 돌아온 것은 공무원과 결탁한 조폭들의 폭행이었다. 샤오이는 다시 사우나로 숨어들었다. 샤오이가 있는 방문이 열리더니 남자 한 명이 들어와 마사지를 포함한 풀코스를 요구하는 것이 아닌가?

샤오이는 거절하며 무뚝뚝하게 문을 닫았다. 잠시 후, 다시 문이 열리더니 아까 그 남자를 포함해 술에 취한 두 명의 사내가 들어왔다. 그들은 통행세를 받으며 트럭기사를 폭행한 그 공무원과 조폭이었다. 그들은 다짜고짜 샤오이의 얼굴에 돈을 뿌리고 뺨을 때리며 성폭행하기 시작했다. 샤오이는 허드렛일을 하면서 틈틈이 연마한 무술실력을 발휘해 품속에 간직한 칼을 꺼내 공산당 간부와 조폭을 살해하고 만다.

공산당 간부를 살해한 것은 감히 공산당 권력에 도전한 것이고, 샤오이의 미래는 사형이었지만 SNS를 타고 사연이 알려지자 구명운동이 펼쳐지며 무죄판결을 받는다. 그리고 이 사건은 영화로 제작되었으나 중국에서 영원히 상영금지 된 반동영화로 분류되었다.

돈독이 오른 세월호 특권

경기도 안산 도심 한가운데에는 보석처럼 박혀있는 화랑유원지가 있다. 화랑유원지는 반경 3km 내에 200여개의 초중고 대학교가 밀집되어 9만명의 학생들과 60만명의 시민들이 살아가는 안산의 심장이자 얼굴이다. 1km안에 시청, 법원, 단원구청과 모든 관공서는 물론 전철 4호선 중앙역, 고잔역, 초지역, 안산역과 선부역, 그리고 젊음의 거리인 중앙동상권, 신도시상권, 선부동상권, 원곡동상권 등 중심상권 4개가 밀집된 중심이다.

화랑유원지는 특별한 사연이 있다. 73년전 6.25전쟁에 참전해 불구가 된 상이용사들이 황무지를 일구며 처절하게 살아가던 호국영령들의 삶의 터전이기 때문이다. 그 당시엔 오지 중에 오지가 화랑농장이었다.

문경환 일병(320430-1231511), 이병삼 일병, 이용근 일병, 안교준 일병, 이해천 일병.

만 17세, 18세 고등학생 신분으로 나라를 지키기 위해 전쟁에 참전한 수많은 어린 학도병들. 그러다 손목이 절단되어 갈고리를 끼우고 사는 상이용사들을 갈고리촌이라고 얕잡아 부르던 곳. 발목이 절단되어 목발을 짚고 다니는 상이용사들을 깨진바리라고 놀려대던 참담한 곳. 신체적 장애를 깔보고 병신이라고 비하하며 야만의 사회를 온몸으로 버텨온 화랑농장.

국가를 위해 피를 흘렸지만 보상도 없이 스스로 자활의 길로 나설 수밖에 없었던 상이용사들의 피눈물이 어린 곳. 화랑유원지는 단순한 유원지가 아니라 나라를 지키다 불구가 된 채 처절하게 살아간 호국영령들의 땅이었다.

그 화랑농장이 1986년 안산시가 시로 승격되면서 이들을 모두 강제 이주시키고 '화랑유원지'로 명명해 개발한 것이다. 그 화랑유원지에는 이들을 기리는 충혼탑이 외롭게 서 있다.

2019년 화랑유원지에 세월호납골당이 확정되었다. 그것도 충혼탑이 있는 바로 근처에. 사업명칭이 '416생명안전공원'이란 말로 포장했지만 304명의 세월호 희생자들 중 단원고 희생자 250여명 만을 위한 세월호납골당인 것이다. 그것도 바로 건너편에 있는 '와~스타디움 축구장' 세배가 넘는 7000평에 이른다. 이를 위해 국민세금 수백억원이 사용되는 것은 물론이다.

현재 세월호 희생자들은 다음 네 곳의 훌륭한 공원묘지에 모셔져 있다. 안산 하늘공원묘지 101명. 평택 서호공원묘지 87명, 화성 효원공원묘지 62명. 인천 가족공원묘지 45명(일반인희생자).

문제는 안산과 평택, 화성공원묘지에 묻힌 단원고 250여명 아이들의 유골을 다시 꺼내 화랑유원지로 이장해 납골당을 세우겠다는 것이다.

안산에는 하늘공원묘지, 양상동 시립공원묘지, 화정동 시립공원묘지, 와동꽃빛공원묘지 등 4개의 공원묘지가 있는데, 세월호 유가족들은 위 4곳을 포함한 20여곳의 납골당 예정지를 모두 거부하고 화랑유원지를 세월호납골당으로 밀어붙이고 말았다. 세월호납골당인 416생명안전공원은 2023년 말에 착공하여 2025년 완공할 예정이다.

'장사 등에 관한 법률'에 의하면 첫째, 묘지나 봉안시설은 하천으로부터 200m, 주거지역으로부터 300m 이내에 설치할 수 없다. 세월호납골당이 들어설 화랑유원지는 바로 옆에 화정천이 흐르고 50m 내에 수천가구 주택이 밀집된 곳이다. 둘째, 묘지나 봉안시설은 더욱이 설악산, 지리산, 한라산 등 국립공원이나 시립공원인 유원지에도 설치할 수가 없다. 그러나 세월호유가족들은 세월호납골당인 416생명안전공원을 통과시키고 말았다. 국민과 시민을 철저히 무시한 세월호특권이 아니고 무엇인가?

국회의원 특권

이재명 대표는 피의자임에도 검찰 출두 날짜와 시간을 정하고, 검사 질문엔 함구하면서 제출한 진술서로 대신한다. 그리고 기자들에겐 성실히 답했다고 말하고 야당탄압이자 검찰의 짜깁기 수사라고 돌려 말한다. 일반시민이라면 감히 상상할 수도 없는 상황이다. 특히 이재명 대표는 50억클럽 사건을 '특검'하자고 한다. 그 '특검'은 50억 클럽을 수사하는 과정에서 대장동 사건이 연루가 된다면, 지금 검찰이 수사하고 있는 이재명 수사나 재판은 올스톱되고 모두 '특검'으로 이관된다. 얼마나 좋겠는가. 특검은 민주당이 통제할 수 있으니.

국회의원 특권은 180여개로 분류된다. 그 중 불체포특권, 면책특권, 10억원에 이르는 국회의원 유지비 등이 큰 논란거리다. 반대로 국회법에 의해 발의권, 법률안제출권, 헌법개정안제출권, 탄핵소추발의권, 의안발의권 등과, 헌법상 청렴.국익우선의 의무, 지위남용금지, 겸직금지 등은 지켜져야 한다.

법기술자 대법관과 판검사 전관예우

공직자윤리법 제17조는 퇴직한 대법관이 3년동안 업무관련성이 있는 기관에 취업할 수 없도록 규정하고 있다. 전관예우의 표면적 폐해이자 폭력은 세가지다.

첫째. 전관예우로 형사사건에서 무죄가 될 경우, 국가가 받을 범죄수익금 몰취를 방해하고 대신 전관예우 변호사가 고액의 수임료를 챙긴다.

둘째. 금융범죄 및 조세포탈 범죄가 무죄가 될 경우, 국가가 보전함으로써 국민세금이 낭비되며 동시에 전관예우 변호사가 고액의 수임료를 챙긴다.

셋째. 사법정의가 훼손되어 유전무죄 무전유죄로 사회정의가 무너지고 국가정의가 파괴된다.

'재벌 3-5법칙 판결'은 유명하다. 재벌들이 천문학적인 세금을 탈루하거나 고액을 횡령했을 때 "징역3년-집행유예 5년"을 선고하는 것을 뜻한다. 심지어 집행유예 5년 중에 또 범죄를 저질러도 징역 3년-집행유예 5년이 선고된다. 실질적인 무죄란 소리다. 판사 재량으로 '정찰제 판결'이라고도 한다. 말이 판사 재량이지 초호화 전관예우 변호사들이 병풍을 친 결과다. 재벌들의 돈은 돈냄새를 아는 전관예우 변호사들의 쌈짓돈인 것이다.

이재명 후보는 2017년 대선 경선에서 "법조계 전관예우를 뿌리 뽑겠다"고 공약했다.

그러나 2018년 경기도지사 후보 토론회에서, '친형 정신병원 강제입원' 허위사실 유포인 선거법 위반으로 기소되자 수원지방검찰청 공안부장 출신인 이태형 변호사, 이상훈 전 대법관, 이홍

훈 전 대법관, 송두환 전 헌법재판관 등 초호화 전관예우 변호인단을 꾸렸다. 결국 이재명은 벌금 300만원이 선고되어 선거권이 박탈될 위기에 처했으나 2020년 7월 대법원에서 7대5 파기환송으로 무죄를 선고 받는다.

그뿐만이 아니다. 아내가 '혜경궁 김씨' 의혹으로 수사를 받자 검찰 출신 전관예우 변호사를 선임했다.

권순일 전 대법관은 성남 대장동 개발사업에 참여한 '화천대유' 자산관리회사의 고문을 맡아 한 달에 1500만원의 고문료를 챙겼다. 2015년 퇴임한 민일영 전 대법관도 사법연수원 석좌교수, 정부공직자윤리위원회 위원장을 지내다 법무법인 '세종'으로 취업됐다. 2016년 퇴임한 이인복 전 대법관은 3년 제한이 끝나자 법무법인 '화우'에 영입됐다. 2017년 퇴임한 이상훈 전 대법관은 3년 제한이 풀리자마자 대형로펌 '김앤장'으로 영전한다. 박영수 전 특검의 사례는 더 이상 거론할 수 없을 정도다. 법조계에서는 대법원 상고심 의견서에 대법관 출신 변호사 이름을 올리려면 도장값만 수천만원에 달한다고 한다. 대법관의 이름이 있을 경우 재판부가 기록을 보다 더 신경쓰기 때문이다.

김명수 대법원장은 각 지방법원 법원장 후보를 추천제로 결정했다. 그러나 김명수가 임명한 수석부장판사들이 전국 지방법원 12곳 중 10곳에서 최종후보에 올랐다. 절차적 민주주의란 허울만 썼을 뿐 결과는 도로 아미타불인 것이다. 진정으로 법원장 후보추천제를 원했다면 각 지역 법원장부터 지방법원 구성원들이 선출하도록 했어야 한다.

특권폐지국민운동본부의 사명

특권폐지국민운동본부가 밝히는 특권은 세 가지다. 첫째. 국회의원 특권, 둘째. 판검사 전관예우, 셋째. 고위공직자 회전문인사다. 불과 1만 명도 되지 않는 지배계층이 특권층을 형성해 자신들만을 위한 특권으로 공정사회를 파괴한다고 판단한 것이다.

그러나 한 국가를 움직이는 이 사회에 만연한 특권이 이것뿐이겠는가? 작게는 개인을 둘러싼 사소한 갑질부터 크게는 사회계층을 뭉텅이로 가르는 이권까지. 선량한 일반국민들은 도저히 알 수 없는 이권카르텔의 사슬에 얽매인 채 뭐가 뭔지도 모르고 가두리양식장에 갇혀버리지 않았는가?

가장 고요한 공화국(The most serene Republic)이라 불리는 베네치아. 1500년전, 아테네 법학자 '솔론'은 "법이란 거미줄과 같아서 큰 곤충은 빠져나가고 작은 곤충들만 걸려든다"고 했다. 법(法)의 허점인 유전무죄(有錢無罪), 무전유죄(無錢有罪)를 이미 깨달은 것이다.

베네치아 귀족들은 특권은 있었지만 특혜는 없었다. 그렇기에 베네치아人은 전쟁이 일어나면 맨 먼저 앞장섰다. 특권이 클수록 선두에 섰다. 자유민주적 기본질서는 자본주의적 삶의 양식으로부터 비롯된다고 믿었기 때문이다. 상업을 최고의 생존전략으로 믿는 베네치아인들에게 전쟁은 자본주의적 삶의 양식을 도륙당하는 것이었다. 그런데 500년간 패권국가로서 전성기를 누렸던 베네치아가 몰락한 이유는, 오스만튀르크가 지배하자 온갖 특혜로 뒤범벅된 귀족만을 위한 특권이 판치며 자유민주적 공동체정신이 사라졌기 때문이다.

왕권과 패권을 틀어쥔 귀족 양반들의 천하였던 500년 이씨조선이 몰락한 이유는, 모든 정책이 오로지 양반 귀족들만을 위한 정책뿐이었고, 일반백성과 노비들은 하늘이 내린 천벌이라 여기며 평생을 착취당하며 살아야 했던 이유였지만, 그 야만의 역사에서 수단방법을 가리지 않고 백성 절반이 양반이 되었으나 돌이킬 수 없는 특권층의 이전투구, 세계열강들의 외세 침략을 양반들은 아전인수 하기 바빴고, 착취당한 백성들은 신기할 정도로 무방비했기 때문이다.

중국 후베이성 파출부 샤오이의 공무원 살해사건의 배경은, 1978년부터 시작된 중국 공산당의 개혁개방이란 거대한 물결 속에 힘없는 인민들을 갈취의 대상으로 삼는 공산당 간부들과 중국 마피아들의 부정부패가 중국사회에 깊숙이 뿌리내린 일당독재의 특권에 어떤 힘도 쓸 수 없는 나약한 여성의 분노 때문이었다.

화랑유원지는 세월호에 희생된 단원고 학생들보다 어린 만 17~8세 어린 학도병들이 불구의 몸으로 살다 간 호국의 땅이다.

그래서 화랑유원지는 '시민의 복지향상에 기여하기 위하여 오락과 휴양시설로 설치한 유원지'로 지정되었다. 그리고 반경 3km 안에 70만명의 시민들이 거주하며 호국문화예술을 만끽한다.

그런 화랑유원지에 세월호희생자 유골을 묻겠다는 것은 잘못된 행정이 저지른 야만적 폭력이 아닐 수 없다. 더욱이 법을 무시한채 세월호납골당을 결정한 것은 무자비한 폭거다. 법을 어기면서까지 세월호납골당을 결정한 그 배후는 정치권력 특권이 법치주의를 무시한 결과다. 시민들을 봉으로 여긴 채, 국가를 농단하고 지역사회를 농락하며 자신들의 손아귀에 특권을 틀어쥐고 멋대로 결정했기 때문이다.

지난 2023년 8월 10일, 이재명 대표는 백현동 특혜의혹 검찰 출석을 앞두고 다음과 같이 말했다. "윤석열정부가 정권 위기 때마다 이재명 죽이기에 앞장선다. 없는 죄를 뒤집어씌워 탄압하는 것은 국가폭력이다."

맞다. 없는 죄를 만드는 검찰의 행위는 국가폭력이 맞다. 그러나 의혹이 있는데도 국회의원이니까, 야당 대표니까 수사하지 않는다면 그것은 검찰의 무능이자 국민을 향한 폭거다.

더불어민주당 이재명 대표는 모든 범죄사실을 부인한다. 관련 부하들이 다섯명이나 극단적 선택을 해도 모르쇠로 일관한다. 범죄 피의자들의 모든 손가락이 이재명을 가리키는데도 발뺌한다. 이재명이 그럴 수 있는 것은 바로 국회의원 특권 때문이다.

억울한 국민들의 최후의 보루라고 여기는 대법원은 어떤가? 2022년 7월 보리스 존슨 영국 총리는 측근의 성추행 전력을 알면서도 주요 자리에 앉히고 언론에는 몰랐다고 거짓말 했다가 결국 사퇴했다. 공직자의 거짓말을 용납하지 않는 영국 국민성 때문이다.

가장 깨끗하고 가장 숭고해야 할 대법관이란 자리를 추악한 정치집단으로 만들어버린 법조인들이, 현직에선 무소불위의 판사 재량으로 정치재판을 뒷거래하고, 퇴임 후에는 전관예우란 타이틀로 천문학적인 뒷돈을 챙기는 약장수로 희희낙락 거릴 수 있었던 것은, 정치권력에 아부하는 사악한 판사들이 국민들을 봉으로 여기는 특권 때문이다.

국민들은 전관예우의 폐해로 지목된 세 가지 폭력을 결코 용납하지 말아야 한다. 첫째. 국가가 받을 범죄수익금이 줄어들고, 둘째. 국민세금이 낭비되고, 셋째. 유전무죄 무전유죄로 국가정의가 파괴되는 것을 절대 용납하지 않을 것이다.

특권폐지국민운동본부를 움직이는 사람들

특권 없는 공정한 사회를 꿈꾸는 이름 없는 사람들이 팔을 걷어 붙였다. 이들은 그 어떤 것도 바라지 않고 자신들의 재능과 자신들의 시간과 자신들의 호주머니를 내주었다.

그리고 2023년, 이들의 노력에 힘입어 200여개에 이르는 국회의원 특권과, 판검사 전관예우와 고위공직자 회전문인사는 물론, 개인 간의 갑질과 사회계층간의 이권카르텔 등, 이 사회에 깊이 뿌리내린 특권이란 괴물을 발본색원하기 위해 시민사회가 팔을 걷어붙였다.

자유민주주의를 소망하는 우리는 뜨거운 가슴과 굳은 결기로 감히 천명한다. 2023년 오늘부로 국회의원 특권과 판검사 전관예우와 고위공직자의 회전문인사란 특권과 특혜를 더 이상 용납하지 않을 것이다.

"국민의 명령이다. 자유대한민국과 청년세대를 위해 특권을 폐지하라!"

[글쓴이] 정창옥
길위의 학교(긍정의힘)단장. 국가정의실천연합 대표
남북함께국민연합 공동대표.
코로나19진상규명시민연대 공동대표

뭉치면 이기고 흩어지면 망한다

제정호 (특본 상임고문)

2023년 4월 16일 광화문 사거리에서 운동본부 발족을 위해 장기표 대표가 치는 요란한 북소리는 지나가는 사람들의 발걸음을 멈추지 못한 안타까운 모습이 연출되었다. 그러나 동년 5월 31일 국회의원특권폐지 국회 앞 인간 띠 잇기 국민운동 행사장에는 수많은 인파가 운집 했으며 유난히 뜨거웠던 태양볕 아래 참석자들의 헤아릴 수 없는 만장이 펄럭여 열기를 식혀 분위기는 더욱 고조되었다. 행사가 끝날 무렵 국회 포위 인간 띠 잇기는 불상사 없이 끝나 참석자들의 의식 수준을 보여 주었다.

또 7월 17일 제헌절 특권 폐지 행사에는 전국의 홍수 난리로 참석 자제를 통보했으나 집회 장소에 국회의원 '특권 폐지' '특권 폐지'를 외치는 소리는 본행사가 시작되는 오후 2시까지 군중이 외치는 함성이 여의도 상봉에 울려 퍼지고 식을 알리는 마이크 소리에 여의도 매미도 일제히 함께 울어 성스러운 분위기를 만들어 참석자들이 더욱 고무되었다.

7월 17일은 국회의장과 양당 대표를 행사장에 초청한 모임이었으나 그 사람들의 코끝도 볼 수 없어 그 시간 어떤 생각 어떤 특권을 즐기고 있었을까 궁금하다.

한국 국회의원 특권 중에 대표적인 것을 따져보면 첫째 국회의원 급여 수준이 남다르다. 국회의원 1인당 매달 약 1300만원에 가까운 급여를 받는다.

실제로 우리나라 국회의원 급여는 미국 일본보다 매우 높은 수준이다. 국회의원 급여수준을 외국과 비교해보면 미국과 일본은 GNP 2.6% 수준인 반면, 한국은 GNP의 3.6% 수준이다.

이걸로 끝이 아니다. 본인 월급 외 지원 경비 (국회의원 실 임대에 대한)로 8,400만원 정도를 지원받는다. 이 두 가지를 합치면 약 21,000만원 가량 된다. 그 외에 국회의원 비서 9명의 총 급여로 약 5억2000만원 정도를 지원받는다. 도합 국회의원 1명당 연간 7억 여원이 지원되는 셈이다.

이 밖에 후원금으로 평상시에는 1년 1억 5천만 원까지, 선거시 3억 원까지 걷을 수 있다.

또 있다. 국회의원은 비행기와 KTX를 무상으로 이용할 수 있고, 국회내 공공시설 및 강원도 연수원도 무료로 이용한다. 잘 알려진대로 국회의원은 면책 특권이 있고 불체포특권이 있다. 국회의원은 지방자치 단체장 공천에도 절대적 영향력을 행사한다.

반면, 스웨덴의 경우 국회의원이 비서가 없어 손님이 오면 국회부의장이 손수 커피를 타준다. 총리 지명 1순위로 거명되던 부총리가 법인카드로 초콜릿을 구입한 사실이 발각되어 총리 지명에서 낙마하기도 하고 주차 위반 때문에 장관 후보자가 낙마하는 경우도 있었다. 스웨덴은 불체포 특권도 없다.

국회를 어떻게 개혁해야 할까? 일단 특권폐지국민운동본부에서 제시한 대로 국회의원 월급여를 월 400만원으로 낮춰야 한다. 국회의원 비서는 총 9명에서 3명으로 줄여야 한다. 국회의원 소환제를 도입하고, 국고지원 해외 출장을 폐지해야 한다.

양당 대표가 불체포특권을 행사하지 않겠다고 밝힌 것은 국회의원특권폐지에 참여한 모든 분들의 승리다.

다가오는 2024년 4월 총선, 각 정당들은 국회의원 특권폐지를 외면해서는 안 된다. 열악한 환경에 수고하시는 특권폐지국민운동본부에게 진심으로 격려 말씀을 드리고 싶다. 전 국민이 이 운동에 더 큰 관심을 가져 주시길 당부 드린다. 1인 1만 원 이상 지원하자.

[글쓴이] 제정호
특권폐지국민운동본부 상임고문

헌신과 희생의 리더십 국회의원 특권폐지

최우성 (특본 청년위원장)

저는 국회의원 특권폐지에 찬성하는 청년입니다. 저희 본부에 많은 분들이 특권폐지의 당위성에 대해 역설할 것으로 예상합니다. 따라서 저는 국회의원 특권폐지에 대해 반대하는 분들의 논리를 소개하고 반박 및 대안을 제시하는 것을 글의 주제로 삼겠습니다.

우선 저는 국회의원 특권폐지 반대론자들의 논리를 소개할 것입니다. 다음으로 그럼에도 불구하고 국회의원 특권을 폐지해야 하는 이유를 설명할 것입니다. 그 이유에 대해 요약하자면, 지금의 시대는 헌신과 희생의 리더십이 필요하기 때문입니다. 마지막으로 그것을 실현하기 위해 어떤 방법론으로 국회의원의 특권을 폐지해야 하는지 설명하겠습니다.

국회의원 특권폐지 반대론자들의 논리

19세기 영국에서 보통 선거권을 주장한 차티스트 운동이 있습니다. 운동의 내용 중 의원의 세비 지급을 주장한 바 있습니다. 세비를 받지 않으니 오히려 부정부패가 판을 치고, 국민을 대리하는 것이 아니라 돈과 권력자를 대리하는 현상이 나왔습니다. 반대론자들은 차티스트 운동을 예시로 들며 혜택, 연봉, 의원 정수를 늘리자고 합니다. 구체적으로는 5가지 근거가 있습니다.

1. 우수한 인재 확보와 유능한 의정활동 강화: 국회의원들에게 충분한 연봉과 혜택을 제공하면, 뛰어난 인재들이 정치를 선택할 가능성이 높아집니다. 좋은 보상과 혜택을 통해 경제적 부담을 덜어줄 수 있으며, 이는 특히 사회에서 검증된 인재들이 정치에 참여하도록 유도할 수 있습니다. 이는 곧 능력 있는 사람들이 의회에서 활동하고, 민생 문제를 더 능동적으로 해결할 수 있는 기회를 제공할 것입니다.

2. 전문성과 안정성 확보: 충분한 연봉과 혜택을 통해 의원들은 전문적인 국정운영을 위해 노력할 가능성이 커집니다. 안정된 생활 환경과 경제적 지원을 받는 의원들은 더 많은 시간과 노력을 정치 및 정책 연구에 투자할 수 있으며, 이는 결과적으로 더 효율적이고 전문적인 정책 수립을 도모할 수 있을 것입니다.

3. 민주주의 강화와 의회 역할 강화: 의원 정수를 늘리는 것은 다양한 시각과 의견을 대변할 수 있는 기회를 늘리는 것과도 관

련이 있습니다. 더 다양한 인원들이 의회에서 활동하게 되면, 다양한 사회적 관점과 이익을 보다 포용적으로 대표할 수 있을 것입니다. 이는 민주주의 원칙을 강화하고 권력 분산을 도모하는 데 도움을 줄 것입니다.

4. 저비용 정치 활동 촉진: 충분한 보상과 혜택을 제공하면, 의원들은 부정적인 외부 영향을 받는 것보다는 더 집중적으로 정치 활동에 전념할 가능성이 높아집니다. 이는 의원들이 정당과 개인 또는 단체의 이해관계에 의한 영향을 피하고, 정당하지 않은 수단으로부터 자유롭게 정치 활동을 펼칠 수 있는 환경을 조성할 수 있을 것입니다. 한마디로 부정부패의 유혹을 뿌리칠 수 있습니다.

5. 비교적 낮은 비용으로 효과적인 정책 수립 가능: 충분한 연봉과 혜택을 통해 의원들은 외부 자금에 의존하지 않고도 효과적인 정책을 수립할 수 있는 능력을 갖출 수 있습니다. 이는 정책 결정과정에서의 부패나 조작 가능성을 줄이고, 국익에 더욱 충실한 결과물을 도출할 수 있는 환경을 조성할 수 있을 것입니다. 반대론자들의 주장은 상당히 설득력이 있다고 생각하며, 순리대로라면 이들의 주장이 맞다고 생각합니다.

그럼에도 불구하고 국회의원 특권을 폐지해야 하는 이유

그러나 국민적 여론은 국회의원의 특권을 줄이고 정수를 줄이는 것을 요구하고 있습니다. 이미 충분한 혜택을 줬음에도 불구하고 국민을 위한 정치를 하고 있지 않습니다. 개인의 이익과 권력을 위해 일하고 있는 것이 눈에 뻔히 보입니다. 그렇기 때문에 국회의원의 연봉과 혜택을 줄이자는 여론이 강한 것입니다. 국민 위에 군림하려 드는 것이 보이기 때문에 국회의원 정수를 줄이자는 여론이 강한 것입니다.

반대론자들 주장의 근간에는 '인간은 욕망을 위해 움직이고, 그것을 이용해야 한다는 철학'이 전제로 깔려 있습니다. 저도 매우 공감하지만 민주주의 작동원리인 국민의 동의를 배제한 판단입니다. 또한 인간의 행동은 이성이 아니라 감정이 근간입니다. 역설적으로 이성과 논리만 주장한다면 현실에서 구현할 수 없습니다.

헌신과 희생의 리더십 국회의원 특권폐지

현재 대한민국은 산적한 문제들이 너무 많습니다. 지역균형발전, 저출산 고령화, 연금 개혁, 교권 추락과 공교육의 위기, 외교적 긴장, 경제발전 둔화 등 어디서부터 손대야 할지 모르는 고르디우스의 매듭 그 자체입니다.

어려운 시기 국민들은 서로를 미워하고 증오하고 있습니다. 혐오 표현과 단어를 일일이 적기에는 낯이 너무 뜨거워 적을 수 없을 지경입니다. 우리 국민들은 전쟁에 참여해도, 군 복무를 갔다 와도, 치열한 사회에서 돈을 벌어도, 가정으로 돌아와도, 한평생 자녀를 양육해도, 제자들을 가르치는 스승 등 모두가 모두의 증오의 대상입니다.

저는 이런 문제의 근본 원인이 헌신과 희생에 대한 정당한 보상도 없고 감사도 없기 때문이라고 생각합니다. 서로의 입장을 배려하며 감사를 표하기만 해도 각박한 세상이 따뜻한 세상으로 변할 것이라 확신합니다. 헌신과 희생을 한 사람들에 대해 정당하고 공정한 보상이 주어져 서로에 대한 신뢰를 회복해야 합니다.

대한민국은 문제가 생길 때마다 국민이 헌신하고 희생해 왔습니다. 각종 재난에 공무원과 군인이 나서서 일했습니다. IMF 때 금 모으기 운동을 했습니다. 일제 강점기, 병자호란, 임진왜란 때도 국민이 의병을 조직하여 막았습니다. 이제는 국민에게 문제 해결을 요구해서는 안 됩니다.

이제는 사회의 리더가 먼저 헌신하고 희생해야 합니다. 다가오는 총선에서 국회의원들이 먼저 나서서 특권을 폐지하면 국민의 신뢰를 얻을 수 있습니다. 반대론자들과 의견 차이가 나는 이유는 분명합니다. 반대론자들은 국회의원 특권폐지를 제도적인 차원에서 접근합니다. 저는 국회의원 특권폐지를 정무적인 관점에서 접근하는 것입니다. 역설적으로 22대 국회에서 국회의원의 특권이 폐지된다면, 23대 이후 국회들은 반대론자들의 주장처럼 오히려 연봉과 특혜가 늘어날 것입니다. 국민의 신뢰를 회복한 국회는 의원정수를 늘릴 수 있을 것입니다.

국회의원 특권폐지의 방법론

정확히 제가 제안하는 것은 국회의원 특권을 내려놓는 것입니다. 국회의원 또는 국회의원이 되고자 하는 사람이 스스로 내려놓고 깨끗하고 신뢰 있는 국회를 만드는 것을 국민들에게 약속하는 것입니다. 헌신과 희생의 가치가 바래지 않도록 사회 리더인 국회의원이 먼저 나서야 합니다.

이미 스스로 내려놓은 사람이 7명이 있습니다. 최승재, 조경태, 최재형, 양향자, 권은희, 강대식, 이종배 의원입니다. 또한 국민의힘은 김웅 의원을 제외하고 모든 의원이 면책 특권과 불체포 특권을 포기하겠다고 약속했습니다. 민주당도 단서 조항을 붙이긴 했지만 포기한다고 나섰습니다. 이미 정치의 흐름이 변했습니다. 헌신과 희생의 리더십을 요구하는 국민적 요구를 의원들이 반영한 것입니다.

그러나 아직은 부족합니다. 저는 다음 총선에서 특권을 스스로 내려놓는 후보자가 나올 것이라고 생각합니다. 그런 사람들이 당선이 선행되어야 반대론자들이 주장하는 바가 23대 국회에서 관철될 것이라 생각합니다. 헌신하고 희생한 사람들이 공정한 보상을 받고 감사를 받는 나라가 되길 희망합니다.

[글쓴이] 최우성
국민의힘 중앙청년위원회 지역균형발전특위 부위원장
민주평통 자문위원

특권폐지 노래부르기 전국노래자랑 (시나리오)

김인호 (특본 홍보위원)

♤ 1막

S1.
암전 된 무대에 조명이 들어오는 동시에 특권폐지Song이 흘러 나오면서 댄싱팀 경쾌한 율동으로 흥을 돋군다
노래 끝나고 댄싱팀 퇴장하자.

S2.
탁자에 마주앉은 두 남자가 보인다.
중년남자 : (주머니에서 한 뭉치의 돈을 꺼내 탁자 위에 놓는다. 마주편 남자는 말없이 멍하니 바라보고 있다.)
젊은남자 : !?!?!?
중년남자 : 우발적으로 탈영하는 바람에 수중에 한 푼도 없다 해서 주는 거요. 자수는 절대로 않겠다고 고집을 피우니 말이요.
젊은 남자 : (눈이 휘둥그레진다)

중년남자 : 탈영도 큰 죄인데. 도피 자금 마련하려고 도둑질이나 강도질 해서 죄를 더 키울 게 뻔한데 모른 체 할 순 없잖소.

젊은남자 : !?!?!?

중년남자 : 자리 잡을 때까지 도피 자금으로 쓰시오. 그리고 만약에 헌병대에 체포 되며는 이 돈의 출처에 대해서는 사내답게 함구해 주오.

젊은남자 : (말없이 그 돈을 들고 일어나 나간다. 그런데 몇 걸음 걷다가 풀썩 주저 앉는다.)

중년남자 : (주저 앉은 젊은 남자 앞으로 다가선다.)

젊은남자 : (하소연한다) 왜 하구 많은 사람들 중에 아저씨 같이 자비한 분을 만나서 작심하고 결행한 탈영을 되물려야 한답니까?

S3.
(조명 꺼지고 암전 상태였던 무대 한 켠에 조명이 들어오고 이미 등장해 있던 이노밴드 나타난다.)

가수 이노가 핀 조명 받으며 정면으로 나오면서 이노의노래 '은인'을 부른다.

노래 끝나고

이노 가수 무대 중앙에 서 있다. 무대 전체에 환한 조명이 켜진다.

이노 : 1983년 어느 날 밤 나는 무장탈영을 했다. 난생 처음 보

는 분을 만나서 도피자금 100만원을 받고는 주체할 수 없는 뜨거운 감동에 휩싸여서 3박4일만에 자수를 했다.

지금에 환산을 하면 천만 원이 넘는 큰 돈.

더구나 그 큰돈을 생면부지의 나에게 선뜻 내주었던 그 분.

나는 그 분의 은혜에 보답하는 노래 '은인'을 지어 위대한 측은지심을 기렸습니다. 효과는 의외였습니다.

내가 크게 사기를 당해서 배신감에 치를 떨면서 그놈을 죽이고 말겠다는 독한 마음을 먹었던 순간을 돌이키게 한 거였습니다.

어쩜! 살인자가 될 뻔한 순간에서 저를 건졌던 겁니다.

허위에 가득찬 이 풍진 세상에서 그래도 인간에 대한 희망을 놓지 않게끔 나를 이끌어 준 고귀한 인연. 은인!

바로 오영태 은인이 없었으면 이노의노래는 존재할 수가 없었을 겁니다.

이노의노래 '은인'을 콘서트의 첫 곡으로 선정한 이유입니다.(말을 마치자 소등 되고 무대 옆에 조명이 들어온다.)

S4.

(이노의 집 안방. 어머니는 무명띠를 이마에 두른 채 혼절해 누워 있고 아버지는 그 옆에서 기도하고 있다.)

아버지 : 자식의 허물이 그 애비의 허물일진대 아들을 잘못 키운 죄가 저에게 있으니 저를 벌하시고 못나고 미련한 제 아들 놈 가여히 여기사 갱생의 길로 인도 하옵소서.

제발! 제 못난 아들놈 살려 주옵소서!

S5.
(조명 온,오프로 장면 전환.)
계급장과 명찰 없는 전투복 차림의 이노(배우 이노이다)가 무대에서 핀 조명을 받고 서 있다. 그때 환청 처럼 재판장의 음성이 들린다.
재판장 : 피고 일병 이노는 최후 진술 하라.
이노 : 입이 열개라도 한 말이 없는 저이지만 재판장님 말씀에 복종해 진술 하겠습니다.
죄를 지었으면 벌을 받으면 그만이지 창경원에 원숭이도 아니고 1.700명 병사들이 도열 한 연병장에서 인민재판을 열어 시범 케이스로 망신을 주는 제 조국의 야만성에 절망합니다.
지금으로부터 40년 전. 중국 변방에 소재한 일본군영에서 4명의 조선인 청년이 일본제국주의의 개로 죽을 수는 없다며 캄캄한 밤에 탈영을 했습니다.
탈출에 성공한 그 네 명의 애국 청년은 광복군에 가담하기 위해 그 드넓은 땅. 중국 대륙을 도보로 종단하는 대장정에 나섰습니다.
그 분들 중 한 분이 바로 저의 아버지이십니다.
그 자랑스럽고 영광스러운 분이 지금 이곳 어느 구석에서 자식의 치욕을 보고 계십니다.

저에게 오늘 이 시간은 천추의 한이 될겁니다.

아버지의 명예를 더럽힌 천하의 불효자식이 무슨 낯짝으로 산답니까.

이 못난 죄인을 북파공작원으로 차출하시어 죽음으로 명예를 회복하게 기회를 주실 것을 요청드립니다. 끝으로 이 자리를 빌려 아버지께 용서를 구합니다.

말이 끝나자 이노의노래 '아버지'를 부른다.

노래 끝나고 무대에 환한 조명 들어온다.

이노 : 오늘 '특권폐지이노의노래콘서트'에 와 주신 여러분께 큰 절을 올립니다.(큰 절을 한다.)

저는 대한민국공개재판사상 처음이자 마지막으로 집행유예를 선고받고 그 날로 석방된 기적의 주인공 입니다.

이병으로 강등 되어서 자대로 복귀한 저를 딱 한 번 부모님께서 면회 오셨습니다.

그 자리에서 아버지께서 당부 하셨습니다.

"너는 앞으로 속죄의 삶을 살아야 한다."

그 말이 가슴에 각인이 되어 저는 열심히 군대 생활을 했고 이병으로 강등 되었기에 상병 제대가 고작이었으나 특진을 두 번씩이나 해서 병장 계급장을 달고 명예롭게 전역할 수가 있었습니다. 제 인생에 있어서 첫 번째 인생역전!을 달성했고 그 기세로 여기까지 왔습니다.

♤ 2막

S6.
빵빠레가 울리고 이와 동시에 막 오른다.

사회자 : '특권폐지이노의노래전국노래자랑' 본선결선무대 개회를 선포합니다

관중석 : (우레와 같은 박수 소리와 휘파람 소리로 분위기가 흠씬 달아오른다.)

저는 오늘 진행을 맡은 청산유수 입니다.(꾸벅) 아무쪼록 원근각지에서 오신 여러분의 성원에 걸맞는 매끈한 진행으로 오늘 콘서트를 찾아주신 귀하고 귀한 팬 여러분들께 기쁨을 듬뿍 안겨드릴 것을 약속 드립니다.

특권폐지이노의노래전국노래자랑' 본선 무대의 첫 테이프를 끊는 영예의 선봉장에는 서울 무교동의 낭판파 가객 나가수 1번 참가자이십니다.

이노의노래 '이 아침에도 설레임을 안고'를 부릅니다.

나가수의 노래가 끝나고,

사회자 : (노래를 끝낸 나가수 옆으로 다가선다) 나가수 님의 선친도 일제 강점기 때 징병이 되셨다면서요?

나가수 : 네. 저의 선친도1924년생으로 이노 가수 선친과 갑장이십니다.

사회자 : 야~아!

나가수 : 그 당시가1944년으로 일본이 망하기 직전이어서 물불 가릴 때가 아니었답니다. 급기야 조선인 청년들을 징집했을 만큼요.

사회자 : 급기야라뇨?

나가수 : 조선인들에게 총을 쥐어주면 전쟁터에서 일본군을 향해 총구를 겨눌 수가 있기에 전쟁 물자 수탈은 했지만, 징집만은 미루었다는군요.

사회자 : 아! 그럴 수가 있겠군요. 그럼 나가수 선친께서도 이노 가수 선친 처럼 탈영 하시어 광복군에 가담하셨는지요?

나가수 : 이노 가수 선친과 우리 선친이 광복군에 가담하기 위해 함께 탈영을 했던 애국 동지였습니다.

사회자 : 정말요!?

나가수 : 그럼요. 그 인연으로 이노 가수보다 제가 연장자라서 형님, 아우로 의형제를 맺고 삽니다.

사회자 : 세상에 이런 일도 있을 수가 있구만요.

나가수 : 희곡소설 '이노의노래'에는 만주로 쫓겨와 살던 조선인을 광복군이 수탈하는 걸 보고 격분해서 광복군 대장에게 직언을 했다가 몰매를 맞고 감옥에 감금된 이노 가수 아버지 이야기가 나옵니다. 그런 이노 아버지를 야밤에 탈출 시키신 분도 우리 아버지셨습니다.

사회자 : 생명의 은인이셨네요

나가수 : 일본군에서 함께 탈출한 세 명의 동지가 이노 가수 아

버지 구출에 힘을 모은 게지요.

사회자 : 참말로 뜻밖의 장면이 아닐 수가 없네요. 광복군이 만주에 쫓겨와서 더부살이를 하던 조선인을 수탈하고 그것에 격분해서 사령관에게 바로 잡아달라고 한 이노 부친에게 몰매를 주고 옥에 가두다니요.

나가수 : 그러게 말예요. 좌우지간 그 분들이야말로 바로 단군이래 가장 잘 사는 대한민국을 건국한 위대한 창업 세대이십니다. 진짜 애국자들이고요.

사회자 : 그렇고 말고요. 빼앗긴 나라에 태어나서 2차 세계대전도 겪고 6.25 동란도 겪는 등 불운하기 짝이 없던 세대였지요.

나가수 : 제가 방금 부른 '이 아침에도 설레임을 안고'는 이노 가수가 정주영 회장님의 첫 자서전 '이 아침에도 설레임을 안고'를 감명깊게 읽고 지은 노래랍니다. 이병철 회장1910년생, 박정희 대통령1915년, 정주영 회장1917년. 우리 아버지하고 이노 아버지가1924년생. 바로이 분들이 빼앗긴 땅에 나시어 온갖 고초를 헤치시고 마침내 단군 이래 가장 잘 사는 부강조국을 건국한 자랑스러운 세대시지요.

사회자 : 감사합니다. 대한민국 근대사를 간단명료하게 정리해 주셨습니다. 그럼 다음 순서는 이노의노래 부강조국을 부를 2번 참가자 사우림 님을 무대에 모시겠습니다. 사우림 양 등장해 주세요.

사우림 : (무대에 등장해서 아버지 노래의 뒤부분을 나레이션

을 한다)

빼앗긴 땅에 나시어 온갖 고초와 역경을 헤치시고 마침내 한반도 유사 이래 전례없는 번영의 초석을 다지신 부모님 세대의 노고와 헌신을 묵상하오며 보잘 거 없는 노래일망정 위로에 작으나마 보탬이 되고 싶어 헌정하옵니다.

부르겠습니다. 이노의노래 '부강조국'

노래 끝나고,

사회자 : (손뼉을 치며 방금 노래를 마친 사우림 곁으로 다가선다) 사우림 양의 샤우팅이 부강조국의 맛을 제대로 살린 무대였습니다.

선곡 이유가 무엇이었습니까?

사우림 : 제가 위낙 샤우팅을 좋아했고요. 노래 자체가 군더더기 없이 다이내믹하고 시원 시원 하잖아요.

사회자 : 명곡이지요. 현란한 드럼의 진가가 유감없이 발휘된~ (말을 멈추고 엄지척을 한다)

사우림 : 진취적 기상이 물씬대는 날 것의 싱싱함! 끝내주는 가사에다 통쾌한 작렬감! 군내 없는 깔끔한 맛. 이 맛에 부릅니다.

사회자 : 더구나 여성인 사우림 님께서 불러서 선 굵고 남성적인 샤우팅에 색다른 매력을 가미했던 유니크한 무대가 되었어요.

그리고 여성인데 이노 가수 목소리와 똑같았어요

사우림 : 칭찬인게죠? 암튼 저의 로망 이노 가수 목소리를 똑

닮았다니 가문의 영광으로 알겠습니다.

퇴장하고,

사회자 : 세번 째 참가자는 전라남도 곡성에서 올라오신 노래짱 님 이십니다.

선곡은 이노의노래 '어떡해 이럴 수 있나요'

노래가 시작되자 무대 위 스크린에는 강제 북송된 탈북 어부 두 명의 모습이 나오는 동영상이 상영된다.

(무대에 오른 노래짱의 열창이 끝나고 심사평이 이어진다. 세 명의 심사위원은 무대 측면에 놓인 책상 앞에 앉아있다.)

심사평 위원장 : 본 대회는 최고의 모창자를 가리는 히든싱어가 아닙니다. 첫번 째 참가자와 두번 째 참가자도 그랬고 세번 째로 노래를 부르신 노래짱 님도 그 점에서 살짝 아쉬웠네요.

심지어 두 번째 가창자 사우림 님은 여성인데도 불구하고 가수 이노 씨의 음역대를 쓰면서 똑같이 부르셨어요. 우리 심사위원 세 명은 이 점에서 감점을 해야하나 가산점을 줘야하나 아직까지도 결정을 못할만큼 충격적이었습니다.

자기만의 개성을 살려서 자기만의 맛을 낼 수 있다면 대성할 자질이 충분한 분으로 사료 됩니다. 노래 잘 들었습니다.

사회자 : 저희는 심사평 심사위원장님의 심사평을 잘 들었습니다. ㅎ

네번째 순서는 부산 자갈치 시장을 주름 잡는 자칭,타칭 명가수 고아성 님 이십니다. 부를 노래는 '죽음의 굿판'

무대에 등장한 고아성이 비장한 표정으로 열창한다.

노래 끝나고,

사회자 : 노래를 들으면서 몸통이 구속이 안되어서 애꿎은 깃털들만 자꾸 죽어나가는 끔찍한 현실에 몸서리를 쳤습니다. 더 이상 코멘트를 하면 감정이 북받쳐서 진행이 어려울 것 같네요. 에잇!(도리질을 하고) 다음 5번 참가자는 제주도에서 올라오신 하루방 님 이십니다. 석열Song을 부릅니다.

노래 끝나고,

사회자 : 부강조국보다 샤우팅이 더 고난도 같아요?

하루방 : 한마디로 파워풀 하지요.

사회자 : 근데 윤석열 대통령님이 인기가 없잖아요.

하루방 : 좌파가 장악한 언론계는 기울어진 운동장 아닙니까?

사회자 : 젊으신 분인데 드물게 우파시네요?

하루방 : 저는 진영과는 무관하고요. 굳이 아이덴티티를 밝히자면, 정의파 정도로 할게요.

사회자 : 정체성이 명확하신 분이군요. 노래 잘들었습니다.

하루방 : 감사합니다.

사회자 : 이번에는 초청 가수 순서인데요. (으~음) 초등학교 4학년에 재학중인 트로트 신동 군 입니다. 부를 노래는 이노의노래 '깡다구'

반주와 동시에 스크린에 '깡다구' 뮤직비디오가 상영된다.

노래 끝나고,

사회자 : (신동 군의 곁으로 다가서서) 깡다구가 무슨 뜻이래요?

신동 : 악착같은 기질이나 성품을 뜻하는 순수한 우리말 입니다.

사회자 : 순수한 우리말이라고요?

신동 : 네. 사전을 찾아보면 그렇게 나옵니다.

사회자 : 난 지금 알아내요. 그럼 가사에 나오는 맹자는 아세요.

신동 : 중국 전국시대의 철학가, 정치사상가로 이름은 맹가라고 합니다. 시간 관계상 더 이상의 언급은 생략하겠습니다.

사회자 : 야~아^^ 대단하네. 그럼 맹자의 대장부론 주제를 한 음절로 정의한다면~?

신동 : 깡!

사회자 : (마이크를 잡은 채로 손뼉을 친다) 진짜 신동 맞네요.

신동 : 그럼 이만 물러 나겠습니다.

사회자 : 인기 가수 신동 군이 스케줄이 바쁜 관계로 그만 보내드리겠습니다.

감사합니다. 다음 차례는 참가 번호 6번 이하니 양입니다. 올라와 주세요

(그와 동시에 무대에서 노래 마치고 내려가는 모습으로 연출된다. 6번 가수 이하니는 원곡 가수인 쌍둥이 동생 이하얀이 이하니가 부른 노래 '한동훈 무지 멋져'를 초청 가수 자격으로 부르는 장면이 있어서 이렇게 기술적으로 생략한다)

드디어 마지막 순번 가수가 무대에 등장한다.

실루엣이 비추는 투명 장막 뒤에서 대역 가수로 출연하는 연극배우들의 노래를 부르던 원곡 가수 이노가 등장한다.

사회자 : 이노 가수가 여기 왜 출연합니까?

이노 닮은 참가자 : 저는 이노 가수가 아니고 이노 가수를 흠모하는 추종자 이놈이라고 합니다.

사회자 : 뭔소리래요!?

이놈 : 제가 올해 우리 나이로 서른 세 살인데 이노 가수 처럼 되고 싶어서 성형을 했습니다.

사회자 : (기겁을 하며) 세상에나! 성형은 젊고 이뻐지려고 돈 들여서 하는 거잖아요?

이놈 : 보편적으론 그렇죠.

사회자 : 그럼 본인은 보편 말고 어떤 부류입니까?

이놈 : 아까 말씀 드렸듯이 이노 가수 추종자.

사회자 : 더 이상 드릴 말이 없네요. 부르실 곡은?

이노 : 이노 가수님이 추종하는 '기표형' 입니다.

사회자 : 진짜 못 말립니다. 성형으로 이노 가수와 싱크로율 100%를 달성한 이놈 님의 노래를 마지막 곡으로 듣겠습니다.

이놈의 노래가 끝나고 등장한 사회자가 말을 잇는다.

사회자 : (관객을 향해) 대단하지요.

관객들 : 네

사회자 : 지금까지 전국에서 선발된 내노라하는 가창 실력자

일곱 분의 열창을 모두 들어 보았습니다

 그럼, 이제 세 분 심사위원님들이 심사 결과를 종합하는 동안 막간을 이용해서 초청 가수의 축하 공연이 있겠습니다.

 핸섬 가이 김요운과 이쁜이 가수 이하얀 양이 부릅니다. 이노의노래 듀엣 곡 '너는 내 운명'

 두 가수의 노래에 관중들 심취되어 붉어진 눈시울을 훔치는 모습이 이 곳 저 곳에서 포착된다.

 노래가 끝나고 사회자가 심사위원 중 한 명을 호명한다.

 사회자 : 우수상을 발표하실 우수열 심사 위원님을 모시겠습니다. 무대 중앙으로 나와 주십시오.

 우수열 : 엄청났지요!?

 관객석 : 네~ 에!!!

 우수열 : 참가하신 분들 모두가 탁월한 실력자들이어서 우리 심사위원들의 결정이 옳았노라 고 장담을 못하겠습니다. 수상자와 탈락자는 그냥 오늘 운수라고 생각하시기를 바랍니다.

 그럼 발표하겠습니다. 오늘의 우수상은 '죽음의 굿판'을 열창한 참가번호 5번 부산 자갈치 시장의 명가수 고아성 님 이십니다.

 관중들의 환호를 받으면서 무대에 오른 고아성에게 우수열 위원이 상패를 수여하고 행사걸이5.000만원이 적힌 피켓을 전달한다.

 사회자 : 소감 한 말씀해 주시겠습니다.

고아성 : 악귀라는 표현말고는 달리 표현이 불가한 자가 일국의 대통령 후보였고 거대 야당의 대표란 사실에 할 말을 잊습니다.

심지어 그이를 지지하는 개딸이라는 집단이 존재한다는 사실이 우리 대한민국 사회에 만연한 병리 현상이 그만큼 넓고 심각하다는 방증이 됩니다.

그런 악귀를 구속 못해서 벌써 다섯 분이 자살을 당했습니다. 인간적인 도리나 정치적인 도의로 봐도 본인과 연루되어서 단 한 명만 죽어도 스스로 물러나는 게 지극히 정상적 입니다. 그런데 이죄명은 악귀니깐 벌써 다섯 분이 자살을 하고 여러 정황이 드러나고 혐의가 밝혀져도 스스로 물러날 줄 모르고 버티고 있는 겁니다.

단군 이래 이토록 악독한 고위공직자는 일찌기 없었습니다. 당장 구속하고도 남을 명백한 혐의가 다수 드러났음에도 국회의원 불체포 특권을 방패막이 삼아 버티는 건 대한민국의 망신으로 해외토픽감 입니다.

이때에 특권폐지국민운동본부가 출범해서 가열차게 투쟁해서 여론몰이에 나선 건 그야말로 시의적절한 신의 한 수라고 무릎을 칩니다.

아무쪼록 악귀 이죄명의 구속을 앞당길 수 있도록 '죽음의 굿판' 노래를 널리 퍼트려 주시기를 앙망합니다. 감사합니다.

관중석에서 환호성과 갈채가 터진다.

사회자 : 이노의노래 부르기 경연장답게 정의로운 발언을 용감하게 가감없이 해주셨습니다.

고아성 님의 바램 처럼 이노의노래 '죽음의 굿판'이 널리 퍼져서 악귀 이죄명의 구속이 앞당겨지기를 우리 모두 힘찬 박수로 응원 합시다.

(관중석에서 우뢰와 같은 함성과 박수가 터져나온다)

사회자 : 다음은 최우수상 발표 순서입니다.

이등상 심사위원께서 발표해 주시겠습니다.

이등상 : 이노의노래 부르기 전국경연대회 최우수상에는 '어떡해 이럴 수 있나요'를 부른 참가 번호 3번 전남 곡성 출신 노래짱 님 이십니다.

관객들의 뜨거운 박수 갈채 속에 무대에 오른 노래짱이 상패와 상금 1억원 피켓을 받는다.

사회자 : 최우상 수상자이신 노래짱 님 축하 드립니다.

노래짱 : 감사합니다.

사회자 : 선곡이 '어떡해 이럴 수 있나요' 였잖아요. 당연히 이유가 있었을테지요?

노래짱 : 강제 북송되어 모진 고문 끝에 참수된 걸로 알려진 탈북 두 청년과 북한에서 피살되어 불 태워 소각 당한 월북 날조 피해자 이대준 님을 이 노래로 추모하고 싶었습니다. 또 이 노래가 아니었으면 사악한 정권의 천인공노할 만행을 모를 뻔 했습니다. 부디, 이 노래가 전 국민의 애창곡이 되어서 국민 모두가

이 천인공노할 만행에 분노해서 그 당시 최고위 책임자를 법의 심판대에 세워서 반드시 단죄하기를 소망합니다.

사회자 : 최고위 책임자는 당시 대통령인 문재앙을 지칭 하는 게지요.

노래짱 : 대통령으로 호칭 하기조차 역겨워서 애둘러 표현한 겁니다. 문재앙 저 인간은 만고역적 매국노 입니다. 재임 중에 중국을 큰 나라로 사대하다가 도리어 중국에 가서 여덟끼를 혼밥만 먹었지요. 또 동행한 한국 기자가 매 맞는 등 개무시를 당하고도 병신, 쪼다 처럼 꿀 먹은 벙어리 행세를 했습니다. 블롬버그 외신에서는 김정은 수석대변인이라고 대놓고 조롱했고요. 사상은 더없이 불온했지요. 심지어 퇴임해서는 대통령 재임시에 북한으로부터 선물 받아서 나랏돈으로 키우던 풍산개를 지급이 정지되자 파양해서 국민적 비난을 받은 바 있습니다. 더욱 쇼킹한 건 그럼에도 불구하고 곧이어 개 사랑 캘린더를 제작해서 지지자들에게 배포하고 돈을 벌어서 돈에 환장한 찌지리 인생의 끝판왕을 달성했지요. 한마디로 저런 삼류 저질 인생이 대한민국 대통령이었다는 사실이 여간 부끄러운 게 아닙니다.

(관객석에서 이구동성으로 옳소! 옳소!! 연호가 터진다.)

사회자 : 노래짱 님 핵사이다 발언을 들으니까 속이 뻥 뚫립니다. 앞으로 애국시민운동하는 가수로 우뚝 서실 것 같네요.

노래짱 : 감사합니다.

사회자 : 그런데요. 노래짱 님 동네가 전라도인데 민주당 출신

대통령을 이렇듯 야멸차게 패닥질 치면 왕따 당할텐데요?

노래짱 : (정색하며 사투리로 내쏜다) 야멸찬 게 아니고 준열합까소. 입은 삐뚤어져도 말은 바로 하랬따께.

세상의 난맥상이란 게 3류가 상류가 있고 1류가 하류에 있을 때 발생하는 부조화 때문인기라.

대통령 깜으로는 함량 미달인 3류 주제에 박근혜 대통령 탄핵으로 어부지리 대통령이 되갖고 설라니 나라를 통째로 말아 드셨따께. 나라가 있어야 가수도 존재하제. 그리고 우리 전라도가 그리 편협한 동네가 아닌지라. 뜻만 맞는다면 보리 문댕이 노무현도 대통령 만들제. 보다시피 문재앙도 대통령 만들었은께. 하지만 재앙이가 저렇듯 덜 떨어지고 몹쓸 인간인지 진즉에 알았으면 어림 반푼 어치도 없는 일이제.

사회자 : 그 말에 저도 동감입니다. 글쎄 제가 문재앙 찍었다는 거 아닙니까?

노래짱 : 머시라!? 사회자 님 징하요.

사회자 : 그러는 노래짱 님도 민주당 후보 문재앙 말고 다른 당 후보 찍지는 못했을걸요.

노래짱 : 난 안철수 찍었어라.

사회자 : 아무래도 노래짱 님은 호남의 주류 민심과는 동떨어진 아웃사이더 같습니다.

노래짱 : 그런 구석이 쪼개 있지 않나 싶딴께. 그래서 이 처럼 귀한 노래를 만들어주신 이노 가수님께 경의를 표하제.

부를 때마다 가슴이 저려서 눈물이 나는 노래인께. 앞으로 이 땅에 두 번 다시 저렇듯 사악한 정권이 들어서는 일이 없도록 우리 모두 항상 깨어있기를 바라는 심정으로 불렀당께.

또 참가하신 분들이 하도 노래를 잘 불러싸서 우수상을 수상할 줄은 전혀 예상 못했당게. 글구보니 저를 뽑아주신 세 분 심사위원님께 큰 절을 올려야 쓰게써라(큰 절을 올린다)

이등상 : 제가 심사위원을 맡아 보면서 큰 절 받아보기는 난생 처음 입니다. ㅎ

사회자 : 다음은 인기상 발표 차례입니다. 초청 가수 김요운 님이 발표하시겠습니다. 아, 그 전에 드릴 말씀이 있습니다.

이노의노래 부르기 경연에서는 인기상을 대상 직전에 발표하기로 식순을 짰습니다. 취지는 이렇습니다. 인기는 힘입니다. 인기가 없으면 옳은 일은 해도 지지를 못 받습니다. 옳은 일이 꼭 재미가 있어야 하는 건 물론 아니지만 사람들의 관심을 끄는데는 감동 못잖게 재미가 수반 되어야 합니다. 의미 있는 일을 재미있게 해서 인기를 얻어야 힘이 생깁니다.

그래서 우리가 '특권폐지이노의노래전국노래자랑경연대회' 퍼포먼스를 아이디어 낸 겁니다.

국민이라면 남녀노소 할 거 없이 모두 동참해서 잘못된 정치와 관행을 재미있는 풍자와 해학으로 척결해 나가자는 게지요.

지금 대한민국 정치는 좌우를 불문하고 고위공직자 특권의 악순환으로 썩을대로 썩었습니다. 썩은 고름은 살이 되지 못하기에 도려내야 합니다.

또 지난 정권은 방송 장악으로 자기들 입맛대로 가짜 뉴스를 양산하고 여론을 왜곡해서 진실을 덮고 허위로 가득찬 세상을 만들어 버렸지요. 그 결과 자기들끼리 카르텔을 형성해서 부패한 전체주의 사회를 만드는데 혈안이 되어날뛰었지요.

이들의 공통점은 체면이나 염치 따위는 안중에 없는 양심 불량자란 점입니다.

위선의 극치! 내로남불의 일상화!

심지어 정권이 바뀌어도 낙하산 고위공직자들이 알 박고 나가지를 않습니다.

대표적으로 방통위원장 한생혁은 언론계를 좌파 진영으로 기울게 한 장본인인데 꿈쩍도 않고 있습니다.

인권위원장 저년이 역시 전 정권에 빌붙어서 온갖 악행을 저질렀음에도 임기 다 마치고 나가겠다고 강경합니다.

언론계가 좌파 진영으로 기운 운동장이라고 하는데 제 판단으로는 이념보다는 돈벌이가 되는 수지 맞는 장사에 눈이 먼 천박한 군상들의 놀이터가 된 것이라고 판단합니다.

그들이 부르짖는 사회 정의나 공정은 허울 좋은 구호일 뿐이고 임자없는 눈 먼 나랏돈을 횡령해서 지들 끼리만 사이 좋게 나누어 쓰면서 견고한 카르텔을 구축하는 게지요.

윤미냥이가 그 극단적인 사례입니다.

여성 인권 탄압이라는 고상한 명분을 내세워서 위안부 할머니들을 앵벌이로 삼아 자기 배만 불렸지요. 그뿐이 아니었습니다. 대한민국에 반하는 불온한 이념으로 북한을 이롭게 하면서. 지들끼리의 리그에 도끼 자루 썩는 줄 모르고 나랏돈 가지고 잔치 치루며 놀고 먹었던 게지요.

그들에게는 나라가 망하든지 흥하든지 안중에도 없답니다. 심하게 표현하자면, 그들에게 이념은 그저 허울일 뿐이고 돈벌기 위한 수단. 그 이상도 이하도 아니었습니다.

그들의 위선적이고 추악한 행태를 일일이 열거하다 보면 억장이 무너지고 부아가 치밀어 죽을 지경 입니다.

가증스러운 두 얼굴의 실체! 사람의 탈을 쓴 악마!!

관객석 : 옳소! 옳소!! 연호가 터진다

김요운 : 맞습니다. 그들에게는 남에 대한 배려란 눈곱만치도 없습니다. 소시오패스, 사이코패스라는 정신 계통 이상 환자들일 뿐입니다. 그러니 나라가 안중에 있겠습니까? 지들 배만 부르면 그만인 게지요.

일반인도 그러면 위험한데 그들이 국회의원, 장관,총리,대통령을 합니다. 이러니 세상이 미쳐 돌아가는 게 당연한 거고,정상적인 사람으로 견뎌내기 힘든 세태가 된 겁니다.

심지어 가증스러운 건, 바로 그들의 뻔뻔함 입니다. 제 눈에 들보는 놔두고 남의 눈의 티를 시비하는 내로남불 태도 말입니다.

오죽했으면 영어에 내로남불을 표기하는 신조어가 생겨났을까요. 이노의노래는 대한민국을 건국한 창업세대를 기리는 '아버지'라는 노래로 시작했고, 단군 이래 가장 잘 사는 대한민국을 갈망해서 '부강조국'을 이미 40년 전에 만들고 지금껏 불러왔습니다. 꿈은 이루어진다고! 부모님 세대가 건국할 당시 세계에서 꼴찌 빈국이었던 대한민국을 현재 세계 6강의 자리에 우리는 올려놓았습니다. 부전자전이라고 부모님 세대 못잖게 우리세대도 장한 일을 한 것입니다.

한데 브라질이나 멕시코 처럼 중진국 함정에 빠지지 않고 무사히 피해 국력 순위 세계 6강까지 오른 우리가 한 번 빠지면 몰락하는 선진국 함정에 빠질 위험에 처해 있습니다.

존경받는 민주화 운동 대부이자 청렴결백한 정치가 기표형 선생이 이 선진국 함정을 바로 국회의원 특권 및 고위공직자 특권으로 규정하고 특권폐지국민운동본부를 2023년 4월 16일에 광화문 광장에서 출범 시킨 바 있습니다.

이에 이노의노래는 선봉장을 자임하고 나선 겁니다.

관객들 : 옳소! 옳소!!를 연호한다.

사회자 : 김요운 가수님 중앙 무대로 나와 주십시요.

김요운 : 사회자님의 식견에 탄복해서 저도 거들었습니다. 또 시의적절한 이노의노래 콘서트에 격하게 공감합니다.

암튼 심사위원님들께서 참가하신 모든 분들이 탁월하게 노래를 잘 불러서 고르는 게 진짜 어려웠다고 하셨습니다. 하지만 경연인만큼 등수를 정해야 해서 불가피했다고 고충을 털어놓으셨네요. 그런데 인기상만큼은 우리 심사위원님들이 만장일치로 뽑

으셨답니다. 저는 심사에는 전혀 간여 않고 발표만 할 뿐입니다. 오해 하시면 절대로 아니되옵니다. ㅋ

　이노의노래 부르기전국경연대회 본선 인기상 수상자는 '한동훈 무지 멋져'를 열창한 이하니 양입니다.

　발표와 동시에 총총 걸음으로 무대에 오른 이하니가 통통 뛰는 멘트를 한다.

　이하니 : 톱가수인 동생의 체면을 생각하니 부담이 장난이 아니었어요. 그런데 이렇게 마음 먹으니깐 마음이 편해지더라고요. 그래, 내가 누구야! 톱가수 하얀이 보다 10분 먼저 세상 빛을 본 하얀이 언니 이하니 아니냐!

　(그리고는 1억원 상금 피켓으로 얼굴을 가린다.)

　사회자 : 형만한 아우가 없는 게 아니고 언니만한 동생이 없다는 생각을 문득해 봤습니다. 그럼 오늘의 그랑프리! 대상 수상자만을 남겨 놓았습니다. 심사평 위원장께서 발표해 주시겠습니다. 잠깐! 그 전에 원곡 가수 이하얀 양의 '한동훈 무지 멋져'를 들어보겠습니다. 오늘 출연한 이하얀 가수의 언니 이하니 양이 불러서 인기상을 수상했는데 원곡 가수 이하얀 양은 대상을 탈만 하겠지요. 무대로 모십니다. 부탁해요! 이쁜이 가수 이하얀!

　노래가 끝나고

　사회자 : 드디어 오늘의 그랑프리! 대상 발표만을 남겨놓고 있습니다. 발표는 심사평 위원장님께서 해주시겠습니다. 또 시상

식은 이노의노래 재단 이사장이신 전 예비역 장군 이한수 님께서 해주시겠습니다.

이한수 이사장님 무대로 올라와 주세요.

심사평 : (무대로 나와 서서) 그럼 발표해 올리겠습니다. 제1회 특권폐지이노의노래부르기전국노래자랑경연대회 대상 수상자는 기표형을 부른 참가 번호 7번 이놈 입니다.

(대상 수상자로 이놈이 호명되자 빵바레가 울리고 축하 폭죽이 터지는 등 기립한 관객들이 그칠 줄 모르는 박수를 쳐대는 등 행사장이 온통 환희의 물결로 가득찼다. 관중들의 우뢰와 같은 박수 소리가 그칠줄 모르는 가운데 이놈이 무대로 올라왔다. 이한수 이사장으로부터 상패와 5억 상금을 받는다.)

사회자 : 축하드립니다.

이놈 : 감사합니다. 어떻~(말을 잇지 못한다)

사회자 : 예예~ 잠시 호흡을 가다듬으시고요. 앵콜송으로 이놈 님의 '기표형'을 다시 한 번 청해 듣겠습니다.

이놈 : 정의롭고 청렴한 특정 인물의 고귀한 인생역정을 노래로 만들어 주신 이노 가수님께 감사의 마음을 전합니다. 또 노래의 실제 인물인 도덕의 표상! 시대의 양심!! 크린 정치가 기표형 님께 경의를 표합니다. 감사합니다.

부르겠습니다. 이노의노래 '기표형!'

(이때에 막 내려간다.)

♠ 3막

화면 바뀌어 컨밴션 홀.
한 가창자가 '기표형'을 열창하고 있다.
노래를 마치고 그 가수가 멘트한다.
"저는 며칠 전 성황리에 끝난 '특권폐지이노의노래부르기전국노래자랑대회'에서 영예의 최우수상을 수상한 노래짱 입니다.

사회자 : 노래만 기똥차게 잘 부르는 게 아니고 말씀도 청산유수로 잘 하십니다. 그럼 좀전에 발표한 재단법인 이노의 노래가 제정한 제1회 기표상 수상자이신 양향주 국회의원, 조정운 국회의원, 윤희순 국회의원 님이 무대에 오르시겠습니다.
수여식은 재단법인 이노의노래 이사장이신 이한수 예비역 장군님께서 하시겠습니다. 그럼 이한수 이사장 님 등장 하시겠습니다.
무대에 등장한 이한수 인사를 한다.

이한수 : 제1회 기표상 수상식에서 대한민국 최초로 정의로운 정치인들을 선정해서 상장을 수여하는 자리에 서게 됨을 실로 영광스럽게 생각합니다.
올해는 단 세 분만이 기표형 상을 수상하게 되었지만 오늘 이 수상식을 계기로 대한민국 정치가들에게 이 상이 노벨상만큼이

나 권위 있는 상으로 각인이 되고 이 상을 사모해서라도 정의롭고 사심없이 진정 국민만을 위하는 정치를 하게 되기를 앙망해 마지않습니다. 그렇게 될 때 이 단상 위에 열 명, 스무 명. 더 나아가 백 명도 넘는 수상자가 한꺼번에 오르는 장관이 연출될 줄 압니다. 감사합니다.

사회자 : 생생하게 꿈꾸면 현실이 된다고 했습니다. 그럼 수상자 윤희순, 조정운, 양향주 의원 님 단상으로 올라오시겠습니다.

관객들의 열화와 같은 박수를 받으면서 세 명의 수상자가 단상으로 오르고 이한수 이사장에게 상장과 트로피를 건네받는 장면에서 페이드 아웃.

☆ 4막

바뀐 화면에 다음과 같은 자막이 서서히 올라오면서 나레이션.

이노의노래 원작자 싱어송라이터 이노는 무장탈영병 출신에서 대한민국의 대표적인 애국 가수로 우뚝 서서 역전인생의 아이콘이 되었습니다.

그는 40년 전 대한민국육군공개군사재판에서 전무후무하게 집행유예를 선고 받고 석방된 기적의 주인공이었습니다.

자대에 복귀한 그를 면회오신 선친께서 딱 한마디를 당부하셨습니다.

"앞으로 너는 속죄의 삶을 살아야 한다."

그 말씀을 부여잡고 여기까지 왔습니다.

이노 가수를 무대에 모시겠습니다.

이노의노래 '역전인생'

노래 끝나고 관중석을 향해 외친다.

"아버지 저 속죄의 삶 잘 살고 있는 게지요!?"

그때에 아버지 음성이 환청처럼 콘서트 홀에 울려 퍼진다.

"장하다 내 아들!"

어머니 소리도 들린다.

"우리가 항상 응원하고 있다. 홧팅!!!~~"

대단원의 막이 내리고 잠시 후 커튼콜.

순서대로 출연자들이 자기 방식대로 무대에 올라 인사하고 기립해 있다.

    기표형 : 저도 너무 좋아서 울컥했습니다. 50여 년에 걸친 저의 험난했던 투쟁의 역사에 대미를 장식하는 마지막 퍼포먼스가 '특권폐지이노의노래전국노래자랑경연대회'로 결실을 맺은 줄은 꿈엔들 상상조차 못했습니다. 그저 감사할 따름입니다.

    우리 함께 외치겠습니다. 특권폐지!

    관객석 : 특권폐지!

    기표형: 특권폐지!

    관객석 : 특권폐지!

반복적으로 선창,후창하는 가운데 서막을 열었던 특본댄싱팀이 나와서 특권폐지Song에 맞추어 율동하고 커튼콜을 하고 무대에 기립해해 있던 출연자들도 함께 율동한다.

이윽고 관객석에서도 무대에 올라와서 동참한다.

스태프들이 관중들을 제지하는 등 이렇게 대단원의 막을 내린다

[글쓴이]김인호

가수. 신문명정책연구원 이사

이노 엔터테인먼트 대표.

국회포위 인간띠 잇기

5월31일 오후 여의도 국회 앞 대로에서 5천 여명이 참석한 가운데 국회의사당 주변을 둘러싼 이간띠 잇기 대규모 시위를 벌였다.

비가오나 눈이오나 바람이부나 매주 목요집회

 지난 6월 15일부터 국회 정문 앞에서 국회의원의 특권폐지를 촉구하는 정기목요집회(매주)를 실시하고 있다.

3부
언론에 비친 특권폐지

[조선일보 사설]

의원 특권 내려놓겠다더니 300명 중 7명만 "찬성"

시민 단체 '특권폐지국민운동본부'가 국회의원 300명 전원에게 각종 특권·특혜 폐지에 대한 찬반을 묻는 문서를 보냈다. 그런데 찬성 의견을 밝힌 의원은 국민의힘 6명과 무소속 1명 등 7명뿐이었다고 한다. 여야 지도부를 포함해 293명은 응답하지 않았다. 일부 의원은 함께 답변하지 말자는 사발통문을 돌렸다. "우리가 무슨 특권을 누리고 있다고 그러느냐"고 반발한 중진 의원도 있었다고 한다.

여야는 선거 때마다 불체포특권과 면책특권 등을 내려놓겠다고 했다. 이재명 민주당 대표는 대선 공약으로 내세웠다. 국민의힘 의원 50여 명은 불체포특권을 포기하겠다는 대국민 서약 회견까지 했다. 세비를 깎겠다는 공약도 한두 번이 아니었다. 겉으로는 각종 특권과 특혜를 내려놓겠다고 하더니 뒤에선 포기할 수 없다는 것이다.

의원들이 누리는 혜택은 186가지나 된다고 한다. 그러면서 하는 일이라곤 정쟁과 방탄, 입법 폭주와 꼼수, 혈세 낭비뿐이다. 가짜 뉴스를 퍼트리고도 책임지지 않는다. 원수처럼 싸우다가도 자기 밥그릇 늘리고 선심 예산 처리할 땐 의기투합한다. 의원들의 가장 큰 관심은 온갖 혜택을 누리기 위해 다시 공천받아 당선되는 것이다. 이러니 권력 줄 세우기와 극단적 대결 정치가 판칠 수밖에 없다.

31일 국회 앞에서 시민 3000명과 함께 특권 폐지 촉구 집회를 가진 운동본부는 다음 총선에서 모든 출마자에게 특권 폐지 찬반을 물어 국민에게 공개하겠다고 했다. 제대로 일하지 않고 구태 정치만 일삼은 의원들이 혜택은 과도하게 누리지 않는지 국민이 감시해야 한다.

(조선일보 사설 2023.06.01)

[중앙일보 칼럼]
지금 왜 국회의원 특권 폐지 운동인가

#국회부의장실에 들어서니 울프 흘름 부의장이 손수 맞이하고 직접 커피를 뽑아 탁자 위에 놓았다. 인터뷰가 끝나자 엘리베이터까지 배웅하는 친절도 잊지 않았다. 3선 의원인데도 따로 보좌진이 없었다.

#총리 지명 1순위이던 모나 살린 당시 부총리는 법인카드로 초콜릿을 산 게 드러나 스스로 권좌에서 내려와야 했다. 사법 처리를 받진 않았지만, 자녀 탁아소 비용 연체, 유모 영수증 미처리 등 윤리적 책임은 피할 수 없었다.

주차위반에 장관 낙마하는 스웨덴

스웨덴 린네대 최연혁 교수가 저서 『스웨덴 패러독스』에서 소개한 스웨덴 정치인의 일상이다. 이외에도 의원거주 지원금을 실제와 다르게 신고해 정계를 떠난 당 대표, 주차 위반이나 TV 시청료 미납이 드러나 중도 낙마한 장관 사례 등이 줄줄이 나온다. 특권은커녕 일반 시민보다 혹독한 잣대로 감시받는 공복(公僕, 국가의 심부름꾼)의 모습이다.

"특권이 무려 186개"라는 한국 국회의원과 대비된다. 항공기 비즈니스석을 이용하고, KTX를 공짜로 타는 건 빙산의 일각이다. 1년에 수억원의 국고 지원을 받고도, 후원회·출판기념회를 통해 정치자금을 모금한다. 비리를 저질러도 체포되지 않으며, 거짓말을 하고도 면책특권 뒤에 숨으면 그만이다. '대통령 청담동 술자리' 의혹을 제기한 김의겸 의원이 단적인 예다. "합리적 의심"이라던 그의 주장은 모두 허위로 밝혀졌지만 어떤 징계나 처벌도 받지 않았다.

특별한 대접을 받으면 특권을 누리는 걸 당연시하게 되고, 결국엔 군림하려 든다. 지금 정치가 그렇다. 자유로운 의정활동의 버팀목으로 주어진 공적 권한을 사유화하고 특혜를 누리면서 사회 통합과 국가 발전은 오히려 멀어져가는 퇴행을 보이고 있다. 한 전직 의원은 "정치인의 관심사가 국가 발전이 아니라 오직 자신의 재선과 자기 당의 집권에만 쏠려 있는데 놀랐다"고 고백했다.

지지자로부터 욕먹고 낙선을 각오하면서 바른 소리를 하는 '쓴소리파' '소신파'도 멸종해가고 있다. 최 교수는 "정치인이나 고위 공직자들이 공적 권한을 사적 이익을 위해 남용하는 걸 감시하고 특권의식을 갖지 못하게 투명성을 높인 스웨덴 모델이 국가경쟁력을 끌어올린 밑거름이 됐다"고 설명한다. 내년 22대 총선(4월 10일)을 앞두고 사회적 이슈로 떠오른 국회의원 특권 폐기 운동에 주목해야 할 이유가 바로 여기에 있다.

"국회의원 보수, 세계 최고 수준"

지난 4월 '특권폐지국민운동본부'(이하 운동본부)라는 시민단체가 발족, 공직자의 특권 포기를 촉구하는 서명운동에 나섰다. 운동을 주도하는 장기표 신문명정책연구원장은 "한국 국회의원 월급이 액면가로는 미국·일본에 이어 세 번째지만 국민소득 대비로는 세계에서 가장 높다"며 "온갖 특권을 누리면서 입신양명을 위해 국회의원이 되려고 하니 정치가 부패·타락하는 것"이라고 지적했다. 국회의원 보수를 근로자 평균 임금(400여만원) 정도로 낮춰 국가를 위해 봉사할 사람이 정치하는 시대를 열어야 한다고 주장한다.

'국회의원 수당 등 지급 기준'에 따르면 2023년 의원 연봉은 1억5426여만원이다. 일반 수당과 급식비, 정근수당, 명절 휴가비, 입법활동비 등을 합친 금액이다. 월급으로 환산하면 1285만원꼴이다.〈표1 참조〉 지난해 1인당 국민총소득(3만2661달러, 420만원) 대비 3.7배다. 미국·영국·일본의 의원 보수가 국민소득 대비 약 2.5배 안팎인 것과 비교하면 "한국 의원들의 보수가 높다"는 비판은 타당하다.

이와 별도로 의원실 지원 경비로 평균 1억여원가량 추가로 받는다. 사무실 운영비, 업무추진비, 의원 차량 유류비, 출장비, 입법자료 발송비, 정책 개발비 등이 포함된다. 〈표2 참조〉 의원들은 또 4급 보좌관 2명, 5급 비서관 2명, 6·7·8·9급 비서 각 1명, 유급 인턴(1명) 등 모두 9명의 보좌진을 둘 수 있다. 보좌진 총급여는 5억2000여만원. 의원 1명에게 연간 7억원이 넘는 경비가 들어가는 셈이다.

문제는 '고(高)비용'이 정치의 '생산성'에 역행한다는 점이다. 정세균 국회의장 시절이던 2016년 국회의원특권내려놓기추진위원회에 참여했던 김호기 연세대 교수는 "국회가 국민의 기대에 부응, 책임을 다하지 못하기 때문에 업무수행에 필요한 권한조차 특권으로 받아들여질 정도로 국민 불신이 높아졌고 국회의원을 특권집단으로 인식하게 됐다"고 지적했다. 3권분립 강화와 행정부에 대한 견제 역할을 기대하며 국회의 권한과 위상을 높여줬지만, 정작 국회는 국민의 '대리인'임을 망각하고, '정치 엘리트'라는 특권의식에 포획돼 민의를 수용하지 못하자 국민이 위임했던 권한을 회수하려 나섰다는 게 김 교수의 해석이다.

선거공영제의 모순, 꿩 먹고 알 먹기

운동본부는 선거공영제란 이름으로 정당과 의원에게 과다한 나랏돈이 쓰이는 걸 바로잡는 운동도 벌이고 있다. 의원들은 1년에 1억5000만원, 선거가 있는 해는 3억원까지 정치후원금을 모금할 수 있다. 그러나 15% 이상 득표하면 선거비용 전액을 국고에서 환급받는다. 3억원을 모금해 선거자금에 다 썼어도 국고에서 3억원을 환급받으니 3억원이 고스란히 남는 구조다. '꿩 먹고 알 먹기' '도랑 치고 가재 잡기'다.

특권폐지 운동에 참여한 최성해 전 동양대 총장은 "도무지 말이 안 된다"며 "국민 눈높이와 맞지 않는 차별적 특혜 대접을 받으니 우쭐해지는 것 아닌가 싶다"고 말했다. 최 전 총장은 또 "국회의원이 자기 선거(총선)가 아닌, 지방선거나 대선 때도 3억원까지 모금할 수 있다"며 "그런데 이 돈을 대선이나 지방선거에 사용하면 공직선거법 위반이 된다. 쓰지도 못하는데 왜 3억원까지 모금해야 하나"고 의문을 제기했다.

지방선거가 있던 '2022년 국회의원 후원금 모금 현황'을 보면, 국민의힘 장제원(3억2103만원), 민주당 김남국(3억3014만원), 이원욱(3억2269만원), 정청래(3억516만원), 박주민(3억407만원) 의원 등 여야 실세들이 모금 상한액을 넘는 정치자금을 모았다. 선거를 명분으로 모금한 건데 선거 지원에 쓰지 못하는 모순일 뿐만 아니라 같은 선출직인 지방자치단체·의원과의 형평에도 맞지 않는 특혜다. 지난해 여야 의원의 평균 모금액은 1억8900여만원이었다.

선거비용 이중 보전에 헌법소원

중앙당에 대한 선거비용 이중 보전 문제는 더 심각하다. 장 이사장은 "평소엔 정당에 경상보조금을 주고, 선거가 있는 해엔 선거에 쓰라고 미리 선거보조금을 주고, 선거 후엔 선거에 쓴 비용을 또 보전해줘 막대한 돈을 이중으로 안기고 있다"며 "지난달 헌법재판소에 위헌법률 심판을 청구했다"고 밝혔다.

선관위도 심각성을 느껴 개정 의견을 냈지만 국회는 거들떠보지도 않았다. 이 덕분에 776억원(2021년)이던 국민의힘 재산은 지방선거가 있던 2022년엔 1255억원으로 늘었다. 같은 기간 민주당도 464억원에서 929억원으로 재산을 불렸다. 기막힌 '선거 테크'가 아닐 수 없다.

여야는 선거 때 득표전략으로 '특권 폐기'를 써먹곤 번번이 폐기했다. 지난 대선에서 불체포특권 포기를 공약으로 내걸었던 민주당 이재명 대표는 자신과 소속 의원들의 체포동의안이 국회로 넘어오자 모두 부결시켰다. 비난 여론이 고조되자 이번엔 '정당한 영장 청구'라는 단서를 단 불체포특권 포기 서약을 혁신안인 것처럼 둔갑시켰다. 꼼수다.

시대착오적인 불체포·면책특권

영국 엘리자베스 1세 여왕 시절, 입법부가 왕에 대한 비판 발언을 보장하기 위해 명문화된 이래 미국·영국·일본·독일 등 선진국들도 불체포·면책특권을 보장하고 있다. 이런 입법 취지와 배경 때문에 국내 학자들 간에도 찬반양론이 팽팽하다.

 문제는 운용이다. 이준한 인천대 교수는 "도입 배경이나 정신은 없어지고 인신구속과 범죄행위에 대한 회피수단으로 사용되고 있는 게 문제"라며 "불체포특권을 규정한 나라에서도 형사 사건이나 개인 범죄엔 적용하지 않는다"고 지적했다.

 면책특권의 경우 영국은 명예훼손시 의회 내부에서 징계하고 독일은 '중상적 명예훼손'에 대해선 면책특권을 적용하지 않도록 명시하고 있다.

'방탄국회' '막말국회' 사라져야

 이준한 교수는 "국민에게 봉사하지 않으면서 과도한 혜택을 누리는 넌센스를 바로잡으려면 내년 총선 때 정당이 이를 총선 공약화하고 개혁 경쟁이 불붙어야 한다"고 강조했다.

 김호기 교수도 "선거 판도를 결정짓는 두 축은 인물·정책 대결과 혁신 경쟁인데, 국민의힘과 민주당간 인물·정책 대결이 변별력이 있겠는가"라며 "1990년대 이탈리아 오성운동이 관용차 금지, 3선 제한 등의 파격적인 특권 포기로 각광받았듯이 내년 총선 판도는 특권 포기를 선도하는 정당이 여론의 지지를 받을 것"이라고 전망했다. 공복의 본분을 망각한 채 변질된 '특권국회'

'방탄국회' '막말국회'. 이쯤에서 제동을 걸어야 한다. 다시 국민이 나설 때다.

(이정민 중앙일보 칼럼니스트 2023.08.03)

[MBN 김주하의 '그런데']

노블레스 오블리주는커녕

인도 열대림에서 날렵한 원숭이를 잡는 방법, 아시죠?

작은 나무상자 속에 원숭이가 좋아하는 견과류나 바나나를 넣은 뒤 겨우 손을 넣을 정도의 작은 구멍을 뚫어놓으면 견과를 움켜쥔 원숭이는 일단 손에 들어온 것을 놓지 않으려 하기에 구멍에서 손을 빼지 못하고, 결국 산 채로 잡힙니다.

시민단체 '특권폐지국민운동본부'가 지난달, 국회의원 300명 전원에게 각종 특권·특혜 폐지에 대한 찬반을 묻는 문서를 보냈습니다. 결과는 어땠을까요. 찬성한다고 한 의원은 고작 7명뿐, 여야지도부를 포함해 293명은 아예 응답조차 하지 않았습니다.

심지어 일부 의원들은 한술 더 떠 '우리 모두 함께 답하지 말자'며 사발통문을 돌렸고 '우리가 무슨 특권을 누리고 있는데!'라며 반발한 중진의원까지 있었다고 합니다.

정치 개혁을 위해 의원특권부터 내려놓겠다고 해놓곤 말입니다. 최고 권력자도 아닌 국회의원들이 누리는 특권은 무려 186가지. 명절휴가비와 차량 유지비를 포함해 국회의원 1인당 의정활동비엔 연간 국민 세금 7억 700만 원이 투입됩니다.

또 무노동무임금 원칙은 유독 국회만 무풍지대지요? 지난해 여름 국회는 50일 이상 파행했지만 단 하루만 출석하고도 세비를 꼬박 챙겼고 심지어 죄짓고 감옥에 있는 의원도 거액의 수당을 받았습니다. 특권과 특혜를 누렸으니 일이라도 제대로 했으면 좋으련만 21대 국회의 법안처리율은 30%에 그쳐, 역대 최저치였던 20대 국회의 처리율보다 6.8%포인트나 더 낮았습니다.

"국민의 명령이다. 국회의원 특권 폐지!"

지난달 31일 오후 국회의사당 일대엔 국회의원의 특권 폐지에 공감하는 시민들의 주황 물결이 넘실거렸죠. '좋은 사람이 좋은 법률을 만드는 게 아니라 좋은 제도가 좋은 사람을 만든다.' 영국 정치철학자 제임스 해링턴의 말입니다. 앞으로 선거에 출마하는 국회의원 후보와 각 정당은 특권 폐지에 대한 의견을 구체적으로 공표하도록 제도화하는 건 어떨까요.

그들이 하지 않겠다면 국민이 할 수밖에요. 안 그러면 자기가 손에 쥔 걸 절대 포기 못 하고 꽉 움켜쥐고만 있는 인도 원숭이는 여의도에서 영원히 사라지지 않을 수 있습니다. 김주하의 그런데 '노블레스 오블리주는커녕'이었습니다.

(MBN 김주하의 '그런데' 2023. 6.7)

김주하의 '그런데' 영상보기

[NGO신문 인터뷰]

특권 폐지는 우리 사회 살리는 운동, 국민이 나서야

2023년 4월 16일 광화문 앞에서 '특권폐지국민운동본부' 출범식이 열렸다. 이 국민운동본부 깃발을 든 사람은 진보 정치운동의 기수, 재야운동가의 상징이라고 불려온 장기표(78) 신문명정책연구원 원장이다.

그는 서울대 법대 시절부터 학생운동과 민주화운동의 현장에 늘 있었다. 박정희, 전두환 정권때 그는 민주화운동의 상징이었다. 수배와 투옥, 감금을 겪으면서도 그는 현실과 타협하지 않았다. 오직 국가의 민주화와 바른 정치로 인한 국민의 평안이 그의 화두였다.

그런 그가 다시 깃발 하나를 들었다. 바로 '특권' 폐지다. 그는 왜 이 시점에서 '특권' 폐지를 주장하고 나섰을까. 재야정치인의 전설이자 민주화운동의 전설과도 같은 장기표 상임대표를 여의도 신문명정책연구원 사무실에서 만났다

"대표님, 바쁘실텐데 이렇게 인터뷰에 응해 주셔서 감사드립니다. 먼저 며칠 전 '특권폐지국민운동본부'를 창립하셨는데요. 언제부터, 왜 이런 운동본부를 만드실 구상을 하셨는지 여쭙겠습니다"

"공직자는 다른 말로 하면 '공복'입니다. 일종의 심부름꾼이라는 뜻이죠. 그런데 이 공복이 국민의 상전이 되면 안 되지 않겠어요? 그것도 그냥 신분상의 상전만이 아니라 엄청난 특권을 누리는 상징이 돼 있어요. 이렇게 돼서는 국민을 위한 정치, 국민을 위한 행정이 이루어질 수가 없습니다. 그래서 특권을 폐지해야 한다고 생각한거죠"

"그러면 특권을 내려 놓아야 한다는 말씀이신거죠?

"내려놓는다는 말도 가급적 쓰지 않았으면 합니다. '내려놓는다'는 것 자체가 특권을 인정하는 말입니다"

장기표 상임대표는 지난 16일 광화문에서 '특권폐지국민운동본부' 출범식을 가졌다. 준비기간은 보름 정도 걸렸다고 한다. 열다섯명 정도가 집중적으로 출범식을 준비했다. 장 상임대표는 '사람들이 많이 오기나 할까'라고 생각했다고 한다. 하지만 출범식에는 천여명 정도가 참석해 대성황을 이뤘다. 특권 폐지가 국민들의 가슴을 파고든 것이다.

"여러 특권 중 국회의원 특권이 제일 문제입니다. 소위 셀프 특권이죠. 제가 조사를 해보니 186건의 특권이 있습니다. 이 국회의원 특권은 남이 만들어준 것이 아니라 자기들이 그 특권을 만든 겁니다. 이 특권은 또 스스로 폐지하지 않으면 폐지도 안 됩니다. 오히려 그 특권을 계속 늘려가고 있습니다"

장 상임대표는 여야 국회의원들이 맨날 싸우다가도 특권 앞에 서면 단결을 잘한다고 꼬집었다. 그러면서 여러 특권중 시급한 것이 국회의원에게 지급되는 연봉과 각종 수당이라고 말한다.

"국회의원 연봉은 1억5,500만원 정도인데, 매월 1,280만원 꼴입니다. 우리나라의 도시 근로자 평균 임금은 대략 400만원 정도 되는데 그 돈도 못받는 사람이 수두룩합니다. 최저임금도 못 되는 사람도 3백만명이나 됩니다. 국회의원이 뭘 한다고 그렇게 돈을 많이 줄까요? 저는 국회의원도 400만원 정도 받으면 적당하다고 생각합니다"

장기표 상임대표 "의정활동에 사용되는 돈은 국회 사무처에 신청해서 써라"

"그래도 국회의원들이 여러 의정활동을 하려면 돈이 좀 필요할 텐데 너무 적은 것은 아니냐"는 기자의 질문에 장 원장은 "여러 가지 자료도 구하고 문서도 만들어야 하고 필요합니다. 그러면 그 필요한 돈은 국회 사무처에다가 신청해서 쓰면 된다"고 단호하게 말한다.

"월급은 집에서 생활비로 쓰고 그 외에 들어가는 돈은 국회 사무처에 신청해서 쓰면 돼요. 지금도 약 1억2백만원 정도가 입법활동비로 지원이 되고 있는데 그게 전부 다 미리 책정이 되어 있어요. 쓰던 안 쓰던 그냥 나가는 돈입니다. 이러면 안되는 겁니다"

장 상임대표는 실제로 사용을 하건 안하건 항상책정된 돈은 다 쓴 걸로 처리되는데, 이걸 이리저리 돌려서 숫자를 맞춘 것 아니냐는 생각도 든다고 말한다. 누가 감시하는 사람도 없다는 것.

장 상임대표는 국회의원 1인당 책정 예산를 기자에게 공개했다. 여기에는 이해하기 어려운 예산이 편성되어 있었다. 의원 차량 유류비를 월 110만원 지급하면서 차량유지비 명목으로 월 35만8천원을 정액 편성하고 있다.

장 원장은 "국회의원이타는 차는 맨날 고장이 나나보다"라며 웃었다.

여기에 출장비 명목으로 연 4백만원, 의원실 보좌 직원을 지원한다며 업무용 택시비(?)가 연 100만원 편성되어 있고 야근식대는 연 770만여원, 현지 출장비는 연 91만여원 책정되어 있다. 이밖에도 사무실 운영비 연 348만여원, 소모품 519만여원, 정책개발비 2천5백여만원, 정책홍보물비 연 1천2백만여원, 문자메시지 및 자료 발송료 1천2백3십여만원 등인데 기자가 봐도 과도하다는 생각이 들 정도다.

1인당 7명의 국회의원 보좌관 3명으로 줄여야

장 상임대표는 "월급도 세금으로 기름값도 세금으로 유지비도 세금으로"라며 국회의원 보좌진 구성도 문제가 있다고 강조했다. 현재 국회의원 1인당 7명의 보좌관, 인턴까지 9명을 채용할 수 있는데 이렇게까지 많은 이유가 없다며 "3명까지 줄여야 한다"고 힘주어 말한다.

"이 보좌관들이 국회의원을 보좌하는 것이 아니고 지역구 선거운동이나 관리에도 쓰이고 특히 선거운동 기간에는 이 사람들이 전부 선거운동하는 데 갑니다. 월급은 국가에서 받고 특정인을 위해서 선거운동을 하는 사람들인 겁니다"

장 상임대표는 국회의원 불체포특권에 대해서도 목소리를 높였다.

군사독재정권때 필요했던 불체포특권, 이제는 필요없어

"불체포특권은 군사 독재정권 시절에, 국회안에서라도 바른 말을 하기 위해 만든 제도입니다. 지금은 필요가 없다고 생각합니다. 물론 헌법에 보장되어 있지만 앞으로는 면책특권, 불체포특권을 행사하지 않겠다는 결의를 스스로 해야 합니다"

장 상임대표는 특권이 비단 국회의원들에게만 있지는 않다고 설명한다. 검찰도 마찬가지라는 것.

"정치권과 검찰은 일종의 특권 카르텔이 형성되어 있다고 봐도 과언이 아닙니다. 사로 봐주고 서로 도와주는 정도가 아니라 서로 지원하는 수준입니다. 밀고 당기고 하면서 말이죠. 거기다 전관예우 문제도 큰 문제입니다"

장 상임대표는 전관예우로 특혜를 누리는 것은 '범죄'라고 강조한다. 고위 법관을, 검사를 지낸 사람을 선임하면 이익을 본다는 것은 '상대방이 손해를 본다는 말'이라며 이는 필연적으로 불공정 재판으로 향한다고 말한다.

국무총리를 지냈거나 장관을 지냈거나 했던 행정부 각료, 재경부나 국세청, 금감원, 공정거래위원회 등에서 퇴임하고 이해관계가 있는 기업으로 가는 것도 문제가 크다고 장 상임대표는 강조한다.

"대한민국 법치주의는 대한민국 역사 이래 최악"이라며 "특권폐지운동은 지금 이 시대에 꼭 필요한 운동"이라고도 말한다.

국회의원은 물론 행정, 사법부의 특권 폐지에 국민이 나서야 성공할 수 있어

"국민들이 나서야 합니다. 국민들이 나서지 않으면 그들이 스스로 해결하지 않습니다"

장 상임대표는 특권폐지를 위해 국민들에게 △ 입소문 혁명 △ 손가락 혁명 △ 몸의 혁명을 당부했다. 입소문 혁명은 주변 사람들에게 널이 알려달라는 것, 손가락 혁명은 SNS나 카톡으로 전파하는 것, 몸의 혁명은 직접 참여하는 것을 말한다.

"국회의원들이 존경도 받고 사랑도 받고 그래야 안 되겠나요. 그런데 지금은 가히 증오의 대상입니다. 안타까운 일이죠. 괜찮은 사람들이 거기만 들어가면 조금 이상하게 바뀌는 것 같은데 조직 문화가 그래서 어쩔 수 없는 영향도 있습니다. 자신이 왕따가 되기 때문입니다. 그래서 국민이 나서야 합니다"

1시간동안의 인터뷰에서 장 상임대표는 시종일관 "국민을 위해 나라를 정상궤도에 올려놓아야 한다"며 특권 폐지가 우리 정치사회를 살리는 길임을 강조했다.

평생 재야운동가로서 국가와 국민을 위해 한 몸을 받쳐온 그의 특권 폐지 주장에 기자는 빨려들 듯 공감했다. 그의 특권폐지운동 행보에 사뭇 관심을 가지게 되는 이유다.

(장기표 특본 상임대표 인터뷰,
이영일 한국NGO신문 사회부 팀장 2023.04.26.)

[조선일보]

장기표 "많은 특권 가지고 정치도 일도 안해…
불체포 등 186개 내려놔야"

장기표 특권폐지국민운동본부(특본) 상임대표는 17일 "국회의원들이 자신들이 특혜를 받는 법을 제정하는 것은 매우 파렴치하다"며 "운동권이 혜택을 받는 민주유공자법이나, 검찰 수사를 차단하는 검수완박(검찰 수사권 완전 박탈)법이 대표적"이라고 했다. 그러면서 "그 많은 특권을 가진 양당 의원들은 정치도 일도 안 한다. 한쪽은 괴담, 한쪽은 험담, 괴담 대 험담 정쟁만 한다"고 했다.

'전태일의 대학생 친구'로 학생·노동 운동가 출신인 장 대표는 그동안 국회의원·고위공직자 등의 특권 폐지를 주장해왔다. 올 4월부터는 특본을 꾸려 본격적인 특권 폐지 캠페인과 집회 등을 하고 있다.

장 대표는 이날 본지에 "지자체장들은 끌어내릴 수 있는 주민소환제가 적용되지만, 국회의원들은 소환 제도도 없다. 자신들에게 유리한 법을 만들었기 때문"이라고 했다. 주민소환제는 선출직 지자체장들의 독단적인 행정 운영이나 비리를 막기 위해 일정 비율의 선거인이 청원하면 임기 전에도 투표를 통해 파면을 결정할 수 있도록 한 제도다. 그는 또 구속된 국회의원도 세비 전부를 받아가는 점을 거론하며 "(확정 판결을 받지 않은) 다른 일반직 공무원은 구속되면 월급의 반만 준다"며 "국회의원처럼 선출직인 지방자치단체장들은 구속 직후엔 월급의 70%, 3개월 뒤엔 40%만 받는다"고 했다.

장 대표는 수당 포함, 월 1300만원인 국회의원 월급을 400만~500만원 수준으로 줄여야 한다고 했다. 그는 "스웨덴 국회의원은 의원 2명당 비서 1명을 배치한다. 월급은 스웨덴 평균 임금 수준"이라며 "이들은 열심히 일하다 지쳐, 다시 국회의원을 하길 싫어할 정도"라고 했다. 그는 "반면 특권에 젖은 우리 국회의원들은 기를 쓰고 5선, 6선, 7선을 하려고 한다"며 "중앙선거관리위원회의 '아빠 찬스' 등 비리 의혹도 오로지 당선이 목표인 이들이 선관위 감시를 제대로 하지 않은 탓"이라고 했다.

그는 특히 곽상도 전 의원이 이른바 대장동 비리 관련 '50억 클럽' 뇌물 수수 혐의 사건 1심에서 무죄를 선고받은 것을 거론하며 "우리 사회의 정치·사법 기득권 카르텔을 여실히 보여준 판결"이라고 했다. 국회의원 특권 폐지 문제는 우리 사회의 기득권 카르텔을 깨는 사안이란 것이다. 그러면서 "우리 국민이 왕정 시절이나 볼 법한 국회의원·고위공직자 특권 폐지에 더 목소리를 높이는 것이 민주화 운동"이라고 했다.

(조선일보 2023.07.18. 김정환 기자)

[국회 특권 이대로 안된다] [上]

'불체포' 등 186가지 특권 국회…
예산 10년새 40% 늘렸다

제헌절인 17일 서울 여의도 국회 앞에 모인 시민 600여 명은 "국회의원 기득권 폐지가 헌법 정신"이라고 외쳤다. 특권폐지국민운동본부 회원들은 성명에서 "국회 회기 중 불체포 특권을 비롯해 국회의원 특권은 186가지에 달한다"며 "국회야말로 '기득권 카르텔'"이라고 했다. 장기표 특본 상임대표는 "국회의원들이 특권을 내려놓는 것이 '대한민국의 주권은 국민에게 있다'는 헌법 정신에 맞게 행동하는 길"이라고 했다.

내년 총선을 앞두고 국회의원 특권 폐지 목소리가 커지고 있다. 내년 총선이 여야 경쟁을 넘어 특권 폐지 같은 정치 개혁의 전환점이 되어야 한다는 주장이다. 하지만 성난 민심과 달리 지난 10년간 국회 예산은 40%, 인력은 13% 증가한 것으로 나타났다. 국회의원 수당을 비롯해 자기 예산을 결정하는 국회가 기득권을 내려놓기는커녕 몸집만 키우는 셈이다. 국회 예산은 2013년 5218억원이었지만 올해 7306억원으로 증가했다. 늘어난 예산 2000억원 중 절반은 인건비였다. 2017년 국회의원 보좌진에 8급 비서관이 신설되면서 국회 정원(국회의원 제외)은 2013년

4041명에서 올해 4553명으로 늘었다. 여기에 의원실 한 곳마다 한 명씩 둘 수 있는 인턴을 포함하면 인원은 4800명이 넘는다. 국회는 인턴을 정원에 포함하지 않지만 인턴에게는 월 200만원이 세금으로 지급된다.

의원 외교 예산도 2013년 72억원에서 올해 167억원이 책정됐다. 국회가 만든 '국회의원 외교 활동에 관한 규정'에 따라 의원들이 의원 외교를 나갈 경우 비즈니스석 항공권과 숙박비·식비, 차량임차료 등이 지원된다. 국회 관계자는 "올해는 부산엑스포 유치 때문에 의원 외교 예산이 더 증액된 측면이 있다"고 했다. 하지만 일부 해외 출장의 경우 "정말 필요했느냐"는 지적이 나온다. 지난 4월 국회 기획재정위원장 등 기재위 소속 여야 의원 5명은 스페인·프랑스·독일을 10일간 다녀오는 데 비즈니스석 항공료 5500만원을 포함해 세금 9000만원을 썼다. 기재위에서 논의 중인 '재정 준칙' 제도를 시찰한다는 이유였지만 외유성이라는 비판을 받고 있다. 정부 요청이나 국제회의 이외에 '위원회의 해외 시찰'도 국회의장의 승인이 있으면 세금을 지원할 수 있다. 정치권 관계자는 "과거처럼 아내까지 데려가 해외에서 골프 치는 것은 상상할 수 없지만 의원 외교라면서 본인이 쉬기 위해 주말을 끼고 출장 일정을 잡는 관행은 여전하다"고 했다.

국회의원은 월평균 1285만원을 수당으로 받는다. 일반수당과 급식비 등이 매월 20일 통장에 입금되고, 설과 추석에는 명절휴가비로 414만원씩 받는다. 국회의원 1명에겐 9명(인턴 1명 포함)의 보좌 인력이 지원되는데 이들 인건비도 월평균 4500만원이 넘는다. 의원과 보좌진 인건비만 의원실 1곳당 7억원 가까이 드는 셈이다. 월 150만원 가까운 주유비와 차량유지비, 사무실 운영비, 정책 자료 발송료 등은 별도다.

2021년 국회는 2022년 국회의원 수당을 월평균 12만원 인상하기로 결정했다. 반면 같은 해 일본 의회는 코로나 고통 분담 차원에서 2020년 4월 시작한 수당 20%(약 월 250만원) 삭감 조치를 연말까지 연장하는 법안을 통과시켰다. 뉴질랜드 의회는 2020년 7월부터 6개월간 장관직을 맡은 의원은 20%, 일반 의원은 10%씩 수당을 삭감했다. 이 조치로 20억원가량의 세수가 절약됐다고 뉴질랜드 언론이 보도했다. 인도 의회 역시 "코로나로 인한 비상 상황에 대응하겠다"며 2021년 1년간 의원 수당을 30% 삭감했다. 한국에선 문희상 당시 국회의장 등 일부 의원들이 자진해 수당 일부를 반납, 기부했지만 해외 같은 수당 삭감은 없었다.

"의원 특권 포기하라" 거리로 나온 시민들 - 특권폐지국민운동본부 주최로 17일 서울 여의도 국회의사당 앞 도로에서 열린 '특권폐지 국민총궐기 대회'에서 참가자들이 '국민의 명령이다. 국

회의원 특권 폐지' 등의 피켓을 들고 구호를 위치고 있다. /장련성 기자

"의원 특권 포기하라" 거리로 나온 시민들 - 특권폐지국민운동본부 주최로 17일 서울 여의도 국회의사당 앞 도로에서 열린 '특권폐지 국민총궐기 대회'에서 참가자들이 '국민의 명령이다. 국회의원 특권 폐지' 등의 피켓을 들고 구호를 위치고 있다. /장련성 기자

국회의원의 '무노동 유임금' 문제도 국회 안팎에서 계속 지적되고 있다. 대표적인 게 구속 중 수당 지급 문제다. 국회의원은 임기 도중 구속이 돼도 의원직을 사퇴하지 않는 이상 입법활동비 등 수당이 그대로 지급된다. 3억5000만원 뇌물을 받은 혐의로 작년 9월 법정 구속된 국민의힘 정찬민 의원 등이 대표적이다. 공무원의 경우 형사 사건으로 직위가 해제되면 월급의 50%, 3개월 후부턴 30%만 지급하고, 서울시의회 등 지방의회에선 조례를 개정해 구속된 의원에게 의정활동비를 지급하지 않고 있다. 본인 재판 준비 등의 이유로 휴가신청서를 내면 회의에 참석하지 않더라도 회의 참석 특별활동비(하루 3만1000원)를 주는 관행, 여야 대립으로 상임위 구성이 안 돼 국회가 제 기능을 못해도 수당을 지급하는 문제 등도 대표적인 무노동 유임금 사례다.

여론의 비판이 거세자 여야는 일을 안 하면 수당을 줄이는 개

정안을 21대 국회에서 10건 이상 발의했다. 하지만 지금까지 한 건도 본회의를 통과하지 못했다. 국회 관계자는 "언론 보도를 노리고 법안을 발의하지만 정작 계속 주장하는 의원은 찾기 어렵다"며 "자기 목에 방울을 다는 문제라 의원들의 양심에만 기대하기 어려운 문제"라고 했다.

여야 지도부와 혁신기구는 최근 국회의원 무노동 유임금 해소, 불체포 특권 포기 등을 제안했다. 하지만 여의도에선 "또 한 번의 쇼"쯤으로 여기는 분위기다. 이날 국회 앞에 모인 국회의원 특권폐지국민운동본부 회원들은 보름 전쯤 국회의장과 여야 대표에게 참석을 요청했지만 아무도 회신을 하지 않았다고 한다.

(조선일보 2023.07.18. 박수찬 기자)

[국회 특권 이대로 안된다] [下]

명절 휴가비 828만원, KTX 취소 위약금도 세금으로…의원들 이런 특권까지

내년 4·10 총선을 앞두고 국회의원 특권 폐지 목소리가 커지는 가운데, 시민사회에서는 "여야가 헌법 개정 사항인 불체포특권 포기만 외치지 말고, 국민 눈높이에 맞지 않는 일상의 작은 특권부터 내려놓으라"는 요구가 나오고 있다.

국회의원은 KTX 등 기차를 예약했다 취소해도 '취소 위약금'을 출장비로 처리할 수 있다. 의원은 '공무 수행 출장비'라는 명목으로 연평균 1141만원(비례대표와 수도권·비수도권 지역구 의원 차등 지급)을 교통비로 받는다. 대다수 지역구 의원은 공무 수행 출장비를 주말 자기 지역구에 방문하느라 KTX 등 기차를 타는 데 쓴다. 그런데 적지 않은 의원이 기차표를 시간대별로 여러 장 사놓고 당일 자기 일정에 맞는 한 장만 남기고 모두 취소한다고 한다. 취소 위약금도 비용으로 처리 가능하기 때문이다. 금·토·일요일이나 공휴일에 취소할 경우 '당일~출발 3시간 전'에는 5%, '출발 3시간 전~출발 시'에는 10%를 환불 위약금으로 내야 하는데, 이를 아까워하지 않는다는 것이다. 한 의원실 회계 담당 비서관은 "다른 이용객들은 생각하지도 않고 일단 여러 시간대를 예약해 놓으라는 의원을 보면 '자기 돈이라도 저럴까' 싶다"고 했다.

의원은 기차가 아니라 비행기를 탈 때도 특권이 있다. 사전에 공항 의전실에 연락하면 귀빈 주차장을 무료로 이용할 수 있고, 공항에서는 귀빈실을 쓸 수 있다. 해외 출장을 갈 때는 비즈니스석을 타고 갈 수 있다. 의원은 평소에는 차량 유지비와 유류비로 매달 35만8000원, 110만원을 받는다. 설과 추석 땐 '명절 휴가비' 명목으로 각 414만원씩 총 828만원도 받는다. 휴가비가 월급 수준인 것이다.

국회 경내에는 의원은 물론 일반 국민도 이용 가능한 도서관이 있지만, 의원 사무실이 모인 의원회관 건물 2층에 의원 전용 열람실도 따로 있다. 이곳은 의원이 보고 싶은 책을 예약하면 사서가 준비해뒀다가, 책을 찾아오는 의원 보좌진에게 건네준다. 의원 전용 열람실은 의원의 언론 인터뷰 장소로도 쓴다. 코로나 팬데믹 이전에는 의원실로 책을 직접 배달해주는 서비스도 있었다고 한다.

의원회관 지하 1층에는 '건강관리실'이라는 이름의 헬스장과 사우나, 이발소 등이 있는데, 의원만 출입할 수 있다. 헬스장과 사우나 이용은 무료다. 국회 관계자는 "사우나에서 여야 의원들이 허심탄회하게 이야기를 나누고 협상하던 때도 있었지만 옛말이 된 지 오래"라며 "여야 의원들이 사우나에서 인사도 안 하는 일이 흔한데 의원 전용으로 둘 필요가 있냐는 의견이 적지 않다"고 했다. 국회의원은 사회 공익을 위한 필수 직종으로 분류돼 예비군 훈련도 사실상 면제된다. 현행 예비군법은 국회의원과 해외 체류자 등에 대해 동원을 보류할 수 있도록 하고 있다. 의원은 민방위 훈련도 면제였지만 비판 여론에 법을 개정해 2016년부터는 민방위 훈련은 받고 있다.

 의원들은 자기 의정 활동을 홍보하는 비용도 세비로 지원받는다. 정책 자료 발간과 홍보물 인쇄 비용으로 연 1200만원이 지급되는데, 정책 자료를 발송하는 우편 요금도 연평균 755만원이 나온다. 의원이 의정 활동 홍보를 위해 보내는 문자 메시지 비용도 1인당 연 700만원 지급된다. 이메일과 메신저, 소셜미디어 시대에 문자 메시지 비용까지 세금 지원을 받고 있는 것이다.

 의원은 강원 고성군에 있는 국회의정연수원도 1박에 3만원으로 쓸 수 있다. 국회 직원도 같은 가격으로 이용할 수 있는데, 당초 국회 소속 공무원 교육과 연수 활동을 위해 만들었다는 취지와 다르게 '휴양 콘도'가 돼 버렸다는 지적이 나오고 있다. 국회의원 특권폐지운동본부는 이런 국회의원 특권이 186개에 달한다고 집계했다.

(조선일보 2023.07.19. 김승재 기자)

특권폐지 국민총궐기대회

　7월 17일 오후 국회 앞 대로에서 3천여명이 참가한 가운데 국회의장과 정당 대표를 소환하는 집회를 가졌다.

고위공직자 전관범죄
특권카르텔 척결 정책토론회

2차 정책토론회

　7월 26일 광화문 변호사회관에서 전문가 100여명이 참석한 가운데 전관예우 인사카르텔의 문제점과 대책을 모색하는 제2차 토론회를 열었다.

전관범죄 척결대회

전관범죄 척결대회-홍철기TV

2023년 9월 1일 서초동 대법원 앞에서 1천여명이 참가한 가운데 법조의 전관범죄 척결대회를 가졌다.

특본 신문 광고

4부

특본의 걸어온 길

국회의원 특권폐지 국민운동 출범 선언문

지금 대한민국이 신음하는 소리가 하늘을 찌르고 있다. 나라가 심하게 앓고 있지 않는가? 찢어지고 썩어가고 그 상처가 점점 더 깊어지고 있다. 다시 나라가 온전해질 수 있을지 너무나 걱정이다.

과연 우리 대한민국이 지속 가능하긴 한 건가? 이런 깊은 우려와 의문 한가운데에 정치 혐오가 자리하고 있다. 국회의원과 고위공직자의 비리 부패에 국민의 눈살이 심히 찌푸려져 있다.

온갖 요사스런 거짓말과 선동질, 막말과 말장난! 정상적인 우리말이 아니라 여의도만의 언어로 말하는 한국 정치판이 가증스럽고 혐오스럽다. 소위 국회의원이라는 여의도 정치 귀족들은 각종 핑계거리로 나랏돈 받아서 돈 무섭고 귀한 줄 모르게 쓰고 있다. 그러고는 4년마다 우리 국민들을 갈라놓고 또 다음 4년을 그들 방식으로 누린다.

관료, 법조 고위 공직자들은 또 어떤가? 공직 퇴임하면 유관기구나 대형 로펌으로 가 고급 정보나 인맥으로 서로 끌고 밀어 비리의 부패 먹이 그물을 이루고 있다. 거기다 회전문 인사로 돌고 도는 특권사회를 그들만의 리그로 즐기고 있지 않는가?

우리는 분노한다. 국회의원의 특권 특혜에 분노하고 고위 공직자의 비리 부패에 분노한다. 투명성, 책임성, 공정성의 디지털 신문명사회 진입을 가로막는 국회의원의 특권 특혜와 고위공직자의 비리 부패를 끊어내야 한다. 분노한 국민의 뜻을 모아 국민의 함성으로 깨끗이 쓸어내야 한다.

이러한 국민의 분노를 한데 모아 오늘 우리는 국민의 광장 광화문에서 국회의원의 특권 폐지와 법조관료 공직사회의 전관범죄 척결을 위한 국민운동의 큰 발걸음을 내딛고, 아래와 같이 국민운동을 벌여나갈 것을 선언한다.

하나. 국회의원, 고위공직자 정치적 지도층의 구조적이고 관행적인 특권과 특혜는 조속히 폐기되어야 한다. 이제 희생, 헌신, 봉사의 가치를 추구하는 인물들로 정치 토양이 바뀌어야 한다.

하나, 우리는 국회의원의 비정상적 특권, 특혜 폐지를 위하여 관련 제도와 관행을 과감하게 혁파해 나갈 것이며, 바로 잡힐 때까지 지속적으로 투쟁한다.

하나, 우리는 법조 전관범죄 카르텔을 분쇄, 척결하는 데 앞장서고 그 제도적 문화적 변환을 이뤄 사법 정의가 온 누리에 퍼지도록 끝까지 노력한다.

하나, 우리는 고위공직자 집단의 상호 연계, 비리 부패사슬 철폐와 연관 기관과 단체를 거쳐 도는 회전문 인사 관행의 과감한 척결을 위해 진력한다.

2023. 4. 16
특권폐지국민운동본부

국회의원 특권과 전관예우의 부당성과 폐지 방안

국민여러분!

국민의 삶이 대단히 어렵습니다. 코로나 때는 그동안 축적된 재산이 조금이라도 있었던 데다 정부에서 주는 보조금이라도 있어 버티면서 삶을 유지해왔지만 지금은 그것마저 없어 더 이상 삶을 유지하기가 어려운 국민이 대단히 많습니다. 무엇보다 양극화가 심화돼 빈곤층은 패배자(루저)로 전락하여 인생이 파탄나 있습니다. 자살률이 전 세계에서 가장 높은데다, 한 달이 멀다 하고 일어나는 생활고 비관 가족집단자살은 가슴을 미어지게 합니다. 특히 꿈과 희망을 안고 자기가 하는 일에 매진해야 할 청년들까지도 세상을 비관해서 집안에 칩거하는 이른바 '은둔형 외톨이'가 무려 청년인구의 2.4%인 24만 명이나 되는 데다 청년자살률 또한 전 세계에서 두 번째로 가장 높습니다.

이런 때에는 국정을 책임지고 있는 정치권이 국민과 아픔을 함께하며 이를 풀어갈 해법을 찾아 제시해야 할 텐데 그러기는커녕 자기들의 이권 챙기기에 급급합니다.

이러다 보니 우리나라의 정치와 행정 모두가 전 세계에서 가장 저급한 수준입니다. 레가툼이란 영국의 싱크탱크가 조사한 바에 의하면 우리나라의 사법기관에 대한 신뢰지수는 전 세계 167개국 가운데 155위, 정치권은 114위, 정부는 111위라고 합니다. 경제력 10위의 나라인데도 공공기관에 대한 신뢰도가 전 세계에서 꼴찌 수준이라는 것은 공공기관의 고위공직자들이 국민을 위해서가 아니라 자신들의 사리사욕을 채우기 위해서 정치와 행정을 하고 있음을 의미합니다. 즉 그들이 특권을 누리고 있다는 것을 의미합니다.

국회의원, 고위 법관과 검사, 행정부의 고위직 등 고위공직자들이 부당하게 누리는 특권을 없애야 국민을 위한 정치, 국민을 위한 행정이 이루어질 수 있습니다.

그래서 우리는 '특권폐지 국민운동본부'를 결성해서 국회의원을 비롯한 고위공직자의 특권을 폐지하기 위한 운동을 하고 있습니다. 국민 여러분의 적극적인 참여와 성원이 있기를 바랍니다.

그런데 이러한 고위공직자의 특권을 폐지하기 위해서는 국민들이 고위공직자의 특권에 대해 잘 알아야 하겠기에 홍보책자를 만들었습니다. 고위공직자들이 누리는 특권이 얼마나 부당하고 불법적이기까지 한지를 알게 되면 특권폐지운동에 적극 나서지 않을 수 없을 것입니다.

물론 수많은 특권을 누리고 있지만 그 가운데 중요한 특권 몇 가지만이라도 구체적으로 밝히고자 합니다. 주위에도 홍보를 많이 해주시기 바랍니다.

존경하는 국민여러분! 그 나라 정치의 수준은 국민의 수준에 의해 결정됩니다. 국회의원들을 비롯한 고위공직자들이 '특권 카르텔'까지 형성해서 엄청난 특권을 누리고 있는데도 지금까지 이를 폐지시키지 못한 데는 국민의 책임도 큽니다. 그래서도 국민이 나서야 합니다. 국민이 나서면 공직자의 특권은 반드시 폐지됩니다. 4월 16일 광화문 동화면세점 앞에서 있은 특권폐지 국민운동본부 출범식과 5월 31일 국회 앞에서 있은 특권폐지 국회포위 인간 띠 잇기 국민행동에 많은 국민들이 참여하신 것에 존경과 감사의 뜻을 전하며, 앞으로 있을 집회에 많은 분들이 참여해주시기를 간절히 바랍니다.

1. 국회의원의 파렴치하고도 불법적인 특권

국회의원들의 특권을 폐지하는 것이 무엇보다 중요합니다. 국회의원들은 국정운영의 기본방침인 법률과 정책을 결정하는 데다 정부 각 기관을 감사하는 권한을 가지고 있기 때문입니다. 국민의 대표인 국회의원이 특권을 누리지 않음으로써 당당하게 그들의 국정감사권을 행사한다면 고위공직자들이 누리는 특권의 대부분이 폐지될 가능성이 대단히 큽니다. 그러나 국회의원들이 파렴치할 정도의 불법적인 특권을 많이 누리고 있으니, 그들이 다른 정부기관의 특권을 폐지하기가 대단히 어렵습니다. 그래서도 국회의원의 특권을 폐지하는 것이 대단히 중요합니다.

그러면 국회의원이 어떤 특권을 누리고 있는지를 봅시다. 국회의원의 특권이 186가지라는 말이 있는데, 설마 그렇게나 많겠나 싶었지만 하나하나 따져 보니 그렇게 될 수도 있겠다는 생각이 듭니다. 그 가운데 중요한 것 몇 가지만 밝혀두고자 합니다.

1) 우리나라 국회의원의 연봉은 1억5천5백만원(월급으로 약 1,280만원)인데, 이것은 전 세계에서 미국, 일본, 독일 다음으로 높은 액수인데, 국민소득(GNP) 대비로는 가장 높습니다.

연봉은 세계에서 가장 높지만 국회의 효율성은 가장 낮습니다. 앞에서 말한 정치인에 대한 신뢰도가 전 세계 167개국 가운데 114번째라는 것이 이를 말해줍니다.

그런데 연봉이 높은 것도 문제지만 국회활동을 하지 않아도 월급은 꼬박꼬박 나옵니다. 심지어 죄를 짓고 재판을 받고 있거나 교도소에 갇혀 있어도 월급은 나옵니다. 김남국 의원의 경우 잠적해서 국회에 출석하지 않아도 월급은 나옵니다. 최강욱, 이재명, 노웅래, 하영재 의원 등 기소되어 재판을 받고 있어도 월급은 당연히 나옵니다.

국회의원의 평균재산은 34억원이고, 작년 한 해에 불어난 재산이 1억4천만원이라고 합니다. 이런 부자들이 1억5천만원이 넘는 연봉을 받는다는 것은 말이 안 됩니다.

장경태 의원은 흙수저라며 2021년말 4억5천만원의 재산을 신고했으나 2022년 말에는 재산이 7억원이 되었다고 합니다. 국회의원이 돈 버는 자리가 된 꼴입니다.

그래서 국회의원의 월급을 도시근로자 평균임금인 월 400만원 정도로 해야 합니다. 평균임금이 월 400만원이면 400만원 이하를 받는 근로자도 많다는 뜻입니다. 국민의 대표인 국회의원이 국민의 평균보다 더 많은 월급을 받는 것은 옳지 못합니다.

그런데 월급을 적게 주면 돈 많은 사람만 국회의원을 하라는 말인가라는 반문이 있을 수 있습니다. 또 월급을 적게 주면 부정한 방법으로 돈을 받을 것이라는 주장도 있습니다. 오히려 정반대입니다. 월급을 많이 줄수록 일은 더 적게, 그리고 더 잘못합니다. 월급을 도시근로자 평균임금 400만원으로 해야 돈을 벌기 위해서가 아니라 진정으로 사명감을 가지고 국가와 국민에게 봉사하려는 사람이 국회의원이 될 수 있습니다.

지금 국회의원들은 1년에 약 5억원이 넘는 돈을 받아 씁니다. 연봉 1억5천5백만원에 후원금을 1년에 약 3억원까지 받아 쓸 수 있고, 여기다가 해외여행경비, 자동차 유류비 매월 110만원, 자동차 유지비 매월 36만원, 운전기사 공무원 채용, 항공기, KTX 등 무료, 국회 안의 각종 시설 무료이용 등을 합하면 5억원이 훨씬 넘습니다. 그래서 월급을 도시근로자 평균 연봉 400만원(연봉 5천만원)으로 하더라도 그것이 결코 적은 월급이 아닙니다.

어떤 점에서는 연봉도 줄여야 하지만 자동차 유류비, 운전기사 공무원 채용, 항공기나 KTX 무료이용 등도 없애야 합니다.

2) 사무실 지원비라 하여 입법활동비가 연 2540만원, 정책자료 발간비가 연 1200만원, 정책자료 발송료 연 430만원, 문자메시지 발송료 연 700만원, 야근식대 연 770만원, 차량 유류비 매월 110만원에 차량 유지비 매월 36만원입니다. 그러고도 업무용 택시비가 연 100만원입니다. 그래서 사무실 지원비가 총 1억 200만원이 넘습니다. 사무실 지원비가 이렇게 많은 것도 문제지만 이 돈을 제대로 썼는지 확인하는 사람이 없는 것도 문제입니다. 최고의 헌법기관인 국회에서, 그것도 법률을 철저히 지켜야 할 입법부에서 국민의 세금을 함부로 쓰고 있으니 나라의 기강이 바로 설 턱이 없습니다.

그래서 미리 사무실 지원비를 책정해서 지급할 것이 아니라 필요한 경비를 국회사무처에 신청해서 사용하도록 해야 합니다.

나중에 좀 더 자세히 살펴보겠지만 대한민국 국회에서의 회계는 가히 무법천지라고 할 수 있습니다. 우리가 진정으로 분노하는 것은 국회의원들이 특혜를 많이 누려서만이 아니라 그들이 누리는 특혜가 파렴치한데다 불법적이기까지 한 때문입니다.

3) 1년에 2회 이상의 국고지원 해외시찰이 보장되어 있다는데, 이 또한 파렴치한 특권입니다. 시찰할 일이 있으면 그때그때 의원단을 구성해서 해외시찰을 하면 되는 것이지 미리 해외시찰을 보장하고 있다는 것은 특권일 뿐입니다.

얼마 전 국회 기획재정위원 5명이 스페인 등 유럽여행을 하고 왔는데 한 사람당 비행기 삯이 880만원이었고(비지니스석 이용) 보좌관 1명 포함 6명의 경비가 9천만원이었다고 합니다. 명분은 재정준칙을 공부한다는 것이었는데, 스페인인들이 한국에서 배워야겠다고 말했답니다. 그야말로 스페인을 관광하러 간 것이 너무나 분명합니다. 국회의원은 물론 지방의원의 해외여행이 물의를 일으킨 것은 한두 번이 아닙니다. 비난받아도 그때 뿐입니다. 국민의 망각증을 믿고서 나쁜 짓인 줄 알면서도 계속 그런 짓을 합니다.

또 해외여행을 가면 해외공관에서 영접을 하는 경우가 관례화되어 있다는데, 이 또한 파렴치한 특권입니다.

4) 국회의원은 1년에 1억5천만원의 후원금을 받을 수 있고, 선거가 있는 해에는 3억원까지 받을 수 있는데, 이것은 부당함을

넘어 불법적이기까지 한 특권입니다.

　선거는 후원금으로 치를 수 있게 하고, 선거에서 15%이상 득표하면 선거비용 전액을 국고에서 환급받을 수 있는데, 이것은 말이 안 됩니다. 선거에 쓰라고 3억원의 후원금을 받게 했으면 선거비용을 국가가 환급해주지 않든가, 선거비용을 국가가 환급해주려면 후원금을 받을 수 없게 해야 합니다.

　환급해 준 돈은 원칙적으로 시도당에 기탁하게 되어 있으나 그렇게 하는 사람은 거의 전무한 편이고 모두가 자기 호주머니에 넣습니다. 시도당에 기탁한다 하더라도 그것은 옳지 않습니다. 환급받은 돈은 국고에 귀속하는 것이 옳습니다.

　더 큰 문제는 대통령선거와 지방선거가 있는 해에는 평소 받는 후원금 1억5천만원의 2배인 3억원을 받을 수 있는데, 대통령선거와 지방선거가 있는 해라고 해서 추가로 더 받을 수 있는 1억5천만원은 불법적인 것으로 보는 것이 옳습니다. 이 돈을 만약 대통령선거나 지방선거에 쓰면 공직선거법 위반이어서 부정선거가 됩니다. 그래서 이 돈을 대통령선거나 지방선거에 쓸 수 없습니다. 대통령선거나 지방선거에 쓸 수 없다면 이 돈 1억5천만원의 후원금을 왜 받을 수 있게 합니까?

　그런데도 선거가 있는 해에는 3억원의 후원금을 받고 있습니다. 이 돈을 대통령선거나 지방선거에 쓰지도 않고 쓸 사람들도 아닙니다. 결국 이 돈을 자기들 재선을 위한 선거운동에 쓰거나 개인적 일에 씁니다. 특권 중에 가장 큰 특권이고, 불법적인 특권입니다. 그래서 우리는 이 조항(정치자금법 제13조)은 헌법상의 평등권을 위반한 위헌법률이라고 판단해서 헌법소원을 제기해 놓은 상태입니다.

　이런 불합리한 특권, 불법적인 특권을 아무 양심의 가책이 없이 챙겨온 사람들이 어떻게 국정운영을 잘 할 수 있겠습니까?

　5) 국회의원의 후원회비는 주로 재선을 위한 지역구 행사에 쓰는데, 현역 국회의원이 아닌 당협위원장은 후원회를 둘 수 없다는 점에서 특권을 이용해 불법선거운동을 하고 있는 것입니다. 헌법상의 평등권에도 위배됩니다.

　6) 19대 국회 이후의 국회의원들에게는 지급하지 않기로 했으나, 19대 국회 이전의 65세 이상 전직 의원에게 매월 120만원을 지급하고 있는데, 이것도 지나친 특권입니다. 국회의원 하면서 누릴 것 다 누린 사람들에게 왜 120만원을 줍니까? 120만원은 국민연금 가입자의 평균 수령액 53만원의 2배가 넘는 돈입니다. 우리나라에서 120만원의 연금을 받을 수 있는 사람은 공무원과 군인, 교사를 빼고는 지극히 적은 수인데, 국회의원을 했다고 해서 그만한 돈을 연금으로 주는 것은 전혀 옳지 않습니다. 당장 없애야 합니다.

　7) 7명의 보좌진에 인턴 2명을 채용할 수 있는데, 이것도 과다

한 특권입니다. 보좌진 가운데 한두명은 지역구 당협위원회에서 국회의원의 재선을 위한 선거운동을 하고 있는데, 이것은 불법입니다. 평소에 재선을 위한 선거운동을 하는 것도 불법이지만, 보좌진도 공무원인지라 선거운동을 할 수 없기 때문입니다. 또 보좌진 가운데 한 명을 운전기사로 쓰는데, 이 또한 옳지 않습니다.

독일이나 영국, 프랑스, 일본 등은 국회의원 한 명당 보좌진이 2,3명에 불과하고, 스웨덴 같은 나라는 국회의원 2,3명에 보좌진이 1명입니다. 우리나라도 보좌진을 3명만 두어야 합니다.

입법활동이나 정책개발을 도울 사람이 필요하면 국회사무처에 신청해서 지원받을 수도 있거니와, 기본적으로 국회에는 국회입법조사처와 국회예산정책처가 있어서 입법이나 예산과 관련한 일은 그곳의 도움을 받으면 됩니다.

8) 면책특권과 불체포특권은 이미 시대착오적인 것으로 유언비어성 폭로로 정치의 질을 떨어뜨리거나 범죄자를 보호할 뿐이기 때문에 국회의 결의로 행사하지 않겠다는 것을 결의토록 해야 합니다.

최근에 우리가 특권폐지운동을 전개한 후 더불어민주당 이재명 대표가 자신은 불체포특권을 행사하지 않겠다고 밝혔는가 하면 국민의힘 김기현 대표도 불체포특권의 포기와 무노동무임금을 제안해서 불체포특권 포기의 경우 국민의힘 소속 국회의원 전원의 서명을 받았다고 합니다. 상당한 진전이기는 하나, 불체포특권의 포기에 그쳐서는 안 되며, 이것이 국회의원의 특권을 폐지하라는 국민의 열화와 같은 요구를 회피하기 위한 수단이 되어서는 안 됩니다.

불체포특권 때문에 노웅래 의원은 6000만원의 뇌물을 받고도 구속되지 않았고, 이재명 더불어민주당 대표는 '범죄 백화점'의 온갖 범죄를 범하고도 구속되지 않은 일이 있습니다. 국민의힘 하영재 의원의 경우 1억2천만원이 넘는 뇌물을 받은 혐의로 구속영장이 신청되고 체포동의안이 통과되었으나 구속적부심 재판에서 '뇌물을 받은 것을 시인하니 증거인멸의 우려가 없으니 구속영장을 기각한다'고 해서 구속을 면한 일도 있습니다. 한쪽은 범죄를 부인해서 구속되지 않고, 또 다른 쪽은 범죄를 시인해서 구속되지 않으니, 이 모든 것은 국회의원의 특권 때문이기도 하고 국회의원, 검찰, 법원, 행정부 등 고위공직자들이 특권카르텔을 형성하고 있기 때문이기도 합니다.

노웅래 의원의 경우 압수수색 때 장롱 속에 3억원의 현금 뭉치가 있는 것이 드러났는데도 검찰이 이를 문제 삼지 않고 있습니다. 이 현금 뭉치에 대해 노웅래 의원이 출판기념회와 경조사에서 들어온 돈이라 해서 그냥 넘긴 것인데, 이게 말이 됩니까? 합법적인 돈이라면 왜 장롱 속에 감추어 둡니까? 설사 출판기념회나 경조사 때 들어온 돈이라 하더라도 재산신고에서 신고하지 않았으면 고위공직자재산공개법에 위반되어 공소장에 포함시켜야 합니다. 그런데도 그냥 넘겼습니다. 이 나라에 검찰이 있는지 의심케 합니다.

9) 강원도 고성에 국회고성수련원이 있는데, 사용할 수 있는 사람을 국회의원 본인과 배우자의 직계존비속, 그리고 본인과 배우자의 형제자매들까지 포함시켜 두고 있습니다. 고성이란 곳이 수련하기에 아주 부적합하고 관광하기에 좋은 곳임은 물론이고, 본인과 배우자의 직계존비속이 사용할 수 있도록 한 것은 그런대로 이해할 수 있지만 본인과 배우자의 형제자매까지 사용할 수 있게 해 둔다는 것이 말이 됩니까? 자기들이 누릴 수 있는 특권은 알뜰히 살뜰히 챙긴다는 것을 보여줍니다.

10) 국회 안에는 보건소, 헬스장, 목욕시설, 이발소 등이 있는데 국회의원 본인은 물론 가족까지 무료라고 합니다. 수십억원의 재산에 1억원이 넘는 연봉을 받으면서 이런 것을 공짜로 사용한다는 것도 염치없는 일입니다.

11) 국회의원들은 지방자치 단체장과 지방의원의 공천에 절대적인 영향을 미치고 있는데, 이것이야말로 엄청난 특권이 아닐 수 없습니다. 공천권을 갖고서 공천헌금을 받는 경우가 대단히

많습니다. 이 특권은 반드시 없애야 합니다.

12) 법적으로 지구당을 둘 수 없는데도 국회의원들은 지역구 안에 국회의원 사무실을 두고서 사실상 지구당 사무실로 쓰고 있고, 또 후원금으로 사실상 재선을 위한 선거운동을 4년 내내 합니다. 국회의원이 아닌 당협위원장들은 지역구 안에 사무실을 둘 수 없고 또 후원금도 모금할 수 없다는 점에서 국회의원의 사무실을 지역구에 두고 후원금을 모금할 수 있다는 것은 특권이기도 하지만 선거의 공정성을 훼손하는 일입니다. 선거의 공정성을 훼손한다는 것은 헌정을 유린하는 것으로 대의민주주의의 토대를 허무는 것입니다. 반드시 척결되어야 합니다. 지역구 안에 국회의원 사무실을 두게 할 바에는 지구당을 부활해서 국회의원이 아닌 당협위원장도 사무실을 둘 수 있게 해야 합니다.

특히 선거와 관련한 국회의원의 특권은 너무나 많은데, 이것은 선거의 공정성을 훼손하는 일이기도 합니다.

국회의원 여러분께 간곡히 요청드립니다. 국회의원의 특권에 대한 국민적 지탄과 분노가 얼마나 큰지를 여러분도 잘 알고 있을 것입니다. 그래서 국회의원 가운데도 국회의원의 특권을 폐지해야 한다고 생각하는 분들이 상당히 많은 줄로 압니다. 다만 특권폐지에 나서자는 말을 먼저 꺼내거나 이에 동의하기를 주저합니다. 혹 '네만 잘 났나' 하는 비아냥거림을 받거나 '왕따'를 당할 수 있어서 말입니다. 그러나 이것을 두려워할 때가 아닙니다. 어떤 사람이 말했듯이 국회의원 특권폐지는 내년에 있을 국회의원 선거에서 최대의 이슈가 될 것이니 말입니다. 이번 기회에 국회의원의 특권을 폐지하는 데 동참함으로써 국민으로부터 존경받는 국회의원이 되기를 바랍니다.

그래서 국회의원의 특권폐지 방안을 다음과 같이 제시합니다.
첫째, 국회의원의 월급을 근로자 평균임금(2024년 약400만원)으로 하고, 일체의 수당을 없애며, 의정활동에 필요한 경비는 국회사무처에 신청해 사용케 한다.
둘째, 보좌관은 3명만 둔다.
셋째, 면책특권과 불체포특권은 헌법개정으로 폐지하되, 그 이전에는 국회의 결의로 행사할 수 없게 한다.
넷째, 선거는 완전한 공영제로 하고, 그렇게 하고서 선거를 위한 후원금 모금과 선거비용 환급은 없애야 하며, 정당에 대한 국고보조금과 선거보조금 지급도 없앤다. 일상적인 정치활동은 당비를 받아서 하면 되고, 또 그렇게 하는 것이 옳다.
특히 선거가 있는 해에는 평소 받을 수 있는 1억5천만원의 2배인 3억원까지 후원금을 받을 수 있게 한 정치자금법 제13조는 위헌법률이기 때문에 폐지해야 한다.
다섯째, 국민소환제를 도입하여 국회의원의 직무를 제대로 수행하지 못할 때는 지역 유권자의 투표로 해임한다.

2. 법원과 검찰 고위직 출신의 '전관예우'라는 '전관범죄'

우리 사회에 '전관예우'라는 것이 관행처럼 존속하고 있습니다. 이에 대한 비난이 있을 때가 있었지만 그럼에도 불구하고 없어지지 않고 있습니다. '전관예우'란 어떤 소송당사자가 법원과 검찰의 고위직 출신 변호사를 선임하면 수사나 재판에서 이득을 보는 것을 말하는데, 이것은 수사나 재판의 공정성을 훼손하는 것이 대부분이기 때문에 '전관범죄'라고 할 수 있습니다. 이런 점에서 '전관예우'라는 이름의 '전관범죄'는 사법질서를 파괴하는 것으로 대단히 나쁜 일입니다. 그런데도 이런 전관범죄가 관행처럼 굳어져 없어지지 않고 계속되고 있으니 법치주의가 확립될 턱이 없습니다.

소송에서 지면 정말 분통이 터집니다. 소송을 하게 된다는 것은 자기가 옳다고 보아서 소송을 하는 것인데, 상대방이 돈을 많이 주고 검찰 고위직이나 법원 고위직 출신의 변호사를 선임해서 자기가 졌다고 생각되면 얼마나 억울하겠습니까? 실제로 이런 일이 너무 많이 일어납니다. '유전무죄 무전유죄'라는 말이 인구에 회자되고 있는데, 이것은 사실이고 이래서는 공정한 세상이 될 수 없는 것은 물론 사회적 불신과 갈등이 심각해지지 않을 수 없습니다.

누구든 형사사건이나 민사사건에 연루되면 검찰이나 법원 고위직 출신의 변호사를 선임하려고 하는데, 이것은 이미 우리 사회에서 그런 변호사를 선임하면 이득을 보는 것이 사실이기 때문입니다.

그리고 이런 사람들을 변호사로 선임하면 이득을 본다는 것은 수사를 하는 검사나 재판을 하는 판사들이 공정하게 수사를 하거나 재판을 하는 것이 아님을 말해줍니다. 이런 점에서 법원과 검찰 고위직 출신의 변호사들만 범죄를 짓는 것이 아니라 현직 검사나 법관도 범죄를 짓는 것을 의미합니다.

지금 우리 사회에는 사법피해자들이 대단히 많은데, 전관예우라는 이름의 전관범죄 때문임은 물론입니다.

그런데 대법관을 지냈거나 법원장 또는 검사장을 지낸 사람들이 전관범죄를 더 많이 짓고 있으니 대한민국 법조인이 얼마나 부패 타락해 있는가를 알 수 있습니다. 영국의 싱크탱크 레가툼이 조사한 바에 의하면 우리나라 사법기관에 대한 신뢰도가 전 세계 167개국 가운데 155위라고 하는데, 우리나라 사법현실을 상당히 정확히 반영하고 있다 하겠습니다.

그리고 '전관범죄'는 수사나 재판의 공정성을 훼손하는 것을 넘어 법치주의를 파괴해서 나라의 기강을 무너뜨립니다. 지금 우리 사회에는 도덕이 붕괴하고 인륜이 파탄나 있는데, 그 주된 이유가 법을 공정하게 집행해야 할 사법기관 곧 검찰과 법원이 수사와 판결을 공정하게 하지 않은 때문입니다. 김명수 대법원장 체제에서 더욱더 심합니다.

이러한 '전관예우'라는 이름의 '전관범죄' 사례를 몇 가지 봅시다.

이용훈 전대법원장은 대법관 퇴임 후 변호사 5년 동안 60억원을 벌고서 대법원장이 되었습니다. 대법관 퇴임 후의 변호사 개업도 옳지 않지만, 변호사로 60억원을 벌고서도 대법원장이 된다는 것은 이 나라가 얼마나 타락해 있는가를 보여줍니다. 박시환 전대법관은 퇴임 후 변호사 22개월에 19억원을 벌었다고 하고, 김능환 전대법관은 퇴임 후 편의점을 하는 부인을 돕겠다 하여 칭송받고서 곧바로 변호사를 개업해서 엄청난 돈을 벌었다고 합니다. 검사 출신의 안대희 전대법관은 변호사 5개월만에 16억원을 벌어, 그 때문에 국무총리가 되지 못한 일이 있습니다. 검사 출신의 황교안 전 국무총리는 변호사 개업 17개월만에 16억원을 벌었고, 이것이 문제가 되자 '법조계에서는 일반적인 현상'이라고 말했습니다. 이런 일이 일반적인 현상인 것은 사실입니다. 그렇다고 해서 이런 것이 일반적인 현상이라고 말한다는 것은 너무나 뻔뻔스러운 일입니다. 이런 것이 일반적인 현상이라면 이런 현상이 없어지도록 노력했어야지 이런 현상이 일반적인 현상이라 해서 자기도 그렇게 했다고 말해서야 되겠습니까? 대검 기획조정부장 출신의 홍만표 씨는 변호사 개업 1년3개월만에 114억원을 벌었다고 합니다. 이러한 사례는 빙산의 일각일 뿐입니다.

그런데도 이런 사람들이 대법원장과 국무총리, 국회의원과 장관, 당 대표를 하고 대통령이 되겠다고 나서는 나라입니다. 이것이 이 나라 고위공직자의 자화상이니, 이래서야 어떻게 국민을 위한 정치, 국민을 위한 행정이 이루어질 수 있겠습니까?

대법관이나 법원장, 검찰총장, 검사장 등 법원이나 검찰의 고위직을 지낸 사람들은 변호사 개업을 하지 않아야 합니다. 이들이 소송사건을 맞게 되면 담당 판사나 검사가 영향을 받기 때문이기도 하지만, 30여년간 판사나 검사로 있었으면 이미 먹고살 만할 것이고, 또 600만원 정도의 연금도 받는데, 이런 사람들이 돈을 더 벌겠다고 설치면 다른 사람들은 어떻게 살아갈 수 있겠습니까?

그런데 바로 이들이 '특권 카르텔'을 형성해서 온갖 불법과 부패를 저지르면서 대한민국을 '부패공화국'으로 만들고 있는 것이 진짜 큰 문제입니다. 곽상도 전 의원의 아들이 대장동 게이트의 핵심인물인 김만배 씨로부터 받은 50억원은 누가 보더라도 뇌물인데도 퇴직금으로 간주하여 무죄가 선고됐습니다. 이것은 '대장동 게이트' 관련자들을 보호하기 위한 사전작업이기도 하지만, 근본적으로는 우리 사회의 특권층이 '특권 카르텔'을 형성해서 서로 보호해주고 있음을 말해줍니다. 특권을 폐지해야 '특권 카르텔'도 없어질 수 있습니다.

'대장동 게이트' 관련 '50억 클럽'의 박영수 전 특별검사, 김수남 전 검찰총장, 최재경 전 대검찰청 중앙수사부장, 권순일 전

대법관 등이 50억원씩 받았다는 폭로가 있은지 1년 반이 넘는데도 아직 조사다운 조사가 이루어지지 않고 있습니다. '특권 카르텔'이 형성되어 서로 봐주고 있기 때문입니다.

그래서 '전관예우'라는 이름의 '전관범죄' 척결 방안을 다음과 같이 제시합니다.

첫째, 대법관과 법원장을 포함해서 부장판사 이상의 직급에 있는 고위법관은 퇴임 후 변호사가 될 수 없게 하며, 일반 검사나 판사는 변호사가 될 수 있게 하되 상당한 기간의 경과조치 후에는 일반 검사나 판사도 변호사가 될 수 없게 한다.

둘째, 검사는 검사임용고시를 통해, 판사는 판사임용고시를 통해 임용하며, 퇴임 후 변호사가 될 수 없게 한다.

셋째, 변호사는 변호사자격 시험을 통해 자격을 얻도록 한다.

넷째, 판사의 판결이 불법적이거나 부당할 때는 판사를 고발할 수 있게 하고, 잘못된 판결에 대해서는 국가에 배상을 청구할 수 있게 한다.

3. 행정부 안 권력기관 출신의 '전관범죄'

행정부 안의 권력기관, 예컨대 재정경제부, 국토교통부, 감사원, 국세청, 경찰청, 금감원, 공정위 등에서 고위공직을 맡았던 사람들이 퇴임하고서 법무법인이나 대기업에 고문 등으로 취업해서 과도한 수익을 취하는 것 또한 '전관범죄'에 해당합니다.

한승수 전 국무총리는 외교부 장관을 지낸 후 김앤장 고문으로 갔다가 국무총리를 지낸 후 다시 김앤장으로 갔고, 윤증현 전 기재부 장관은 금감원장을 지낸 후 김앤장으로 갔다가 기재부 장관이 되었습니다. 박한철 전 헌법재판소장은 서울동부지검장을 지낸 후 김앤장 고문으로 갔다가 헌법재판소장이 되었으며, 한덕수 국무총리는 대통령 경제수석비서관과 재경부장관을 지낸 후 김앤장으로 갔다가 국무총리를 지내고 다시 김앤장으로 갔다가 다시 국무총리가 되었습니다. 다들 연봉 4,5억원의 고문료를 받았음은 물론입니다. 대기업으로 간 사람들도 고액의 연봉을 받음은 물론입니다.

법무법인이나 대기업이 이 사람들에게 왜 고액의 연봉을 주겠습니까? 이들이 고위직으로 있는 동안 습득한 고도의 국가기밀을 법무법인이나 대기업에 제공하거나 이들이 근무했던 국가기관의 동료나 후배 직원들에게 로비를 해주기 때문일 것입니다. 이들에게 4,5억원을 주는 대신 수십억원 내지 수백억원의 이익을 보기 때문일 것이고, 법무법인이나 대기업이 챙기는 수십억원 내지 수백억원은 국가기관이거나 경제적 약자 또는 일반 국민에게 피해를 입힌 대가일 것입니다. 그래서 이들이 고액의 연봉을 챙기는 것은 '전관범죄'가 아닐 수 없습니다.

김앤장은 한국 최대의 로펌으로 '대한민국의 그림자 정부'로 불리면서 입법, 사법, 행정 등 정부기관에 막대 영향을 미치면서 국세청, 경찰청, 금융감독원, 금융위원회, 공정거래위원회 등 권력기관의 고위직 출신을 로비스트로 활용해서 국가나 경제적 약자들에게 엄청난 사법피해를 입히고, 또 론스타와 같은 외국 기업의 소송을 맡아 매국노 짓을 해서 비난받기도 합니다.

국민여러분! 이런 타락하고 부패한 자들이 고위 공직을 맡고 있어서는 국민을 위한 정치, 국민을 위한 행정이 이루어질 수 없습니다. 고위공직자의 타락과 부패를 반드시 척결해야 합니다.

그래서 공직자 부패척결 방안을 다음과 같이 제시합니다.

첫째, 차관급 이상의 고위공직자는 퇴임 후 법무법인이나 일정 규모 이상의 대기업에 취업할 수 없게 한다.

둘째, 공직자가 퇴임 후 국가기밀이나 공직의 권위를 이용해 개인적 이익을 도모하는 경우에는 기밀누설죄 또는 품위손상죄로 엄벌함으로써 공직 퇴임 후 '전관범죄'를 저지를 수 없게 한다.

셋째, 공직자의 부정부패는 모두 징역형으로 처벌하고 연금을 박탈한다.

국민여러분! 그 나라 정치의 수준은 그 나라 국민의 수준에 의해서 결정됩니다. 나라의 주인인 국민이 나서서 정상배를 위한 정치를 끝장내고 국민을 위한 정치를 이뤄냅시다. '만원의 정치혁명'에 동참합시다. 만원씩 내는 국민이 거대한 물결을 이루어

고위공직자의 특권을 폐지함으로써 정치혁명을 이룹시다.

 이를 위해 우리는 전국을 돌며 집회와 시위, 농성, 강연회, 토론회를 개최함은 물론 '고위공직자 특권폐지 천만명 서명운동'도 전개할 것입니다.

 특히 특권폐지에 동의하지 않는 국회의원이나 고위공직자는 명단을 공개해서 다시는 공직을 맡을 수 없게 할 것입니다.

 정상배 정치의 종식과 정치의 정상화를 위한 고위공직자 특권폐지 국민운동에 국민여러분의 적극적인 지지와 참여가 있기를 간곡히 호소합니다.

특권폐지국민운동본부

특권폐지 국민운동본부 활동 방안

 국회의원 특권폐지 국민운동본부는 앞으로 다음과 같은 방법으로 창의적, 효율적으로 특권폐지 국민운동을 전개해 나가겠습니다.
 첫째, 특권 폐지를 위한 집회와 시위를 전국적으로 광범위하게 펼쳐나가면서 특권폐지 국민운동본부의 시도본부와 시군구 지부를 건설한다.
 둘째, 특권 폐지 천만인 서명을 온라인과 오프라인으로 동시에 진행한다.
 셋째, 국회의원과 법원장, 검사장, 장관급 이상의 고위공직자에게 특권폐지에 동참할 것인지의 여부를 물어 그 결과를 언론에 공개한다.
 넷째, 국회의사당을 완전 포위하는 인간띠 행사에 참여할 1000명의 국민을 모집해서 국회를 포위해서 특권폐지에 동의하지 않는 국회의원은 국회 출입을 봉쇄한다.
 다섯째, 왜 고위공직자의 특권을 폐지해야 하는지, 그리고 어떻게 특권을 폐지할 것인지 그 방안을 강구하고, 이를 선전하기 위한 정책토론회를 시도 단위는 물론 시군구 단위에서도 개최한다.
 여섯째, 국회의원들이나 고위공직자들이 특권을 행사하는 사례를 수집 조사하여 그에 따른 대응책을 강구한다.

일곱째, 고위공직자가 퇴임 후 법무법인이나 대기업에 취업하여 국가기밀을 누출하거나 인맥을 통한 로비를 하는 경우 국가기밀누설죄 또는 품위손상죄로 고발한다.

여덟째, 국회의원의 특권폐지와 고위공직자 전관범죄 척결에 필요한 법제화를 추진한다.

아홉째, 2024년 4월 총선 때, 특권폐지에 동의하지 않는 후보는 지역별로 공개해서 국회의원이 될 수 없게 한다.

이러한 고위공직자 특권폐지 국민운동본부의 활동에 적극 참여해주시기 바랍니다.

　　　　　　　　　　특권폐지 국민운동본부

특권폐지국민운동 6개월, 대 장정

　국회의원 특권으로 파생되는 정치불신과 극단혐오, 국민의 분노가 폭발하고 있는 가운데 특권폐지국민운동본부(상임대표 장기표, 박인환, 최성해)가 2023년 4월 16일 광화문에서 출범하여 많은 국민의 참여와 격려 속에 숨 가쁘게 달려왔다.

- 4월 16일 출범식
- 정기 목요집회(매주 국회 앞)
- 매주토요일 특권폐지 홍보(광화문, 관악산, 도봉산)
- 5월 9일 금남로 특권폐지 호남총궐기대회
- 5월 24일 특권폐지 1차 토론회
- 5월 31일 여의도 국회의사당을 에워싼 인간띠 잇기
- 6월 20일 특권폐지국민운동 광주본부 출범식
- 6월 29일 전국 각 지부 동시 기자회견
  6.29 선언의 정신에 따라 특권폐지 수용하라!
- 6월 29일 특권폐지국민운동 용인 목회자 대회
- 7월 8일 부산 남포역 광장 '특권폐지 부울경 총궐기대회'
- 7월 17일 국회 앞 10만 국민총궐기대회
- 7월 26일 고위공직자 전관범죄 척결 2차 정책토론회
- 9월 1일 대법원 앞 '김명수사퇴' 전관범죄 척결대회
- 9월 15일 김진현 후원회장 초청특강

국민의 명령이다
대한민국 특권폐지

1판 1쇄 인쇄 2023년 10월 4일
1판 1쇄 발행 2023년 10월 12일

지은이 : 특권폐지국민운동본부
발 행 : 홍기표
인 쇄 : 정우인쇄
기 획 : 우일식
편 집 : 임광수 안상조 배경혁
디자인 : 김문영 이소영
글통 출판사
출판 등록 2011년4월4일(제319-2011-18호)
팩스 0260040276. facebook.com/geultong
geultong@daum.net

ISBN 979-11-85032-72-6

가격 : 20,000원

*잘못된 책은 서점에서 바꿔드립니다.